お呪《まじな》い日和

その解説と実際

加門七海

角川文庫
22244

目次

お呪《まじな》いとは

緑やピンクのインクを使って、白い紙に好きな相手の名前を書いて……。
――「オマジナイ」と聞いたとき、真っ先に思い浮かぶのは、こんな風景ではなかろうか。

宙に向かって、指で四縦五《しじゅうご》横《おう》を切りつつ、「臨《リン》・兵《ピョウ》・闘《トウ》・者《シャ》・皆《カイ》・陣《ジン》・列《レッ》・在《ザイ》・前《ゼン》！」と鋭く唱え……。
――「マジナイ」と聞いたとき、真っ先に思い浮かぶのは、こんな風景ではなかろうか。

そして、白装束を着て頭に五徳《ごとく》、櫛《くし》を銜《くわ》えて、藁人形を五寸釘で打ちつける……。
「ノロイ」と聞いたとき、思い浮かぶのは、こんな風景に違いない。

いや、「オマジナイ」は、人という字を掌に三回書いて呑み込むようなものだとか、

「マジナイ」は桃の木を削って作った札に道教の符を書くことだとか、色々意見は分かれよう。

だが、オマジナイもマジナイも、そしてノロイも根っこの部分はおんなじものだ。

漢字で書けば、いずれも「呪」となる。


以前、『お祓《はら》い日和』（メディアファクトリー）という本を著した。

身近にある物を用いて、心身を浄める方法をまとめた本だ。

その冒頭、私はこう記している。

「書店に行くと『お祓い』という文字を冠した本が、一冊ならず並んでいる。その内容を覗《のぞ》いてみると、オマジナイと呼んでも差し支えのないことがたくさん書いてある。

お祓いとオマジナイは、果たして同じなのだろうか。」

今、続けると、以下となる。

オマジナイとノロイは同じなのだろうか。

ノロイと祈禱《きとう》は同じなのだろうか。

悪しきものを排除するという点で、お祓いと調伏《ちょうぶく》はどこが違うのか……。

答えは出ている。

「違いはない」

　すべてはなんらかの道具や行為、あるいは意志の力を用いて、超常的な力を頼んで結果を得ようとする行いだ。

　異なるのは、本人の心持ちだけと言っていい。

　しかし、その心を正邪の物差しで分けることは難しい。必ずしも、己の正義が他にとっての正義とは限らないからだ。

自分が悪だと思うモノを祓う行為が、対象にとっては呪詛《じゅそ》調伏となることもある。

そして対象が取った防御が、己へのノロイとなる場合もある。

　相手のいない、自分自身に対する祓いも同様だ。

　手を洗う行為は祓いとなる。が、病的に潔癖となり、一時間毎に手を洗わねば気が済まないようになったなら、それは精神的な病であり、ある意味、自分への呪詛となろう。

　その境界は極めて微妙だ。強いて言うなら、今の社会に照らして、健全な精神を持った人間が、自己を対象として行う行為がお祓いだ。

　そして、今の社会に照らして、不健全な精神を持った人間が、他者を対象として行う行為が呪詛である。――こんなふうに言えるだろうか。

わざわざ「今の社会に照らして」云々と書き添えたのは、時代によって、道徳規準には大きな差があるからだ。

昔は国家単位の「正義」に則った呪詛が平然と行われていた。「怨敵《おんてき》調伏」「敵国調伏」というものがそれだ。

大儀に則ったその行いが敵対する部族や国にとって、呪詛そのものであることは考えるまでもないだろう。

不利益なものを排除するという点で、調伏は祓いに通じている。それが正義となるか否かは、要は大義名分が正当化できるか否か、それのみなのだ。

だから『お祓い日和』を著しているとき、私はいつも裏の部分が気になっていた。

ほとんどのアイテムはひっくり返せば、悪しきノロイとしても使えるからだ。

気づかなければいいと、冷や冷やしながら書いたこともある。一方で、己の記述は綺麗事に過ぎないと、自嘲している部分もあった。

光があれば、影ができる。

光が強ければ、影も濃くなる。

それが、この世の自然の摂理だ。

日本の各家庭の照明は、世界的に見ても一番明るいと言われている。

いつから、そうなったのか。

上の世代に話を聞くと、

「戦争で毎日灯火《とうか》管制《かんせい》が続いたから、もう暗いのはうんざりだ」。そう思ったからではないかと言われた。

なるほどね、と思う反面、そこまで闇の怖さを知るのが、日本人なのかと感心する。

また一方で、今の日本人の心は闇が耐えられないほどに、弱いのかという危惧をも覚える。

人間は他の動物に比べて、身体能力、五感のすべてにおいて、突出したものを持っていない。それでいながら、何よりも視覚に頼る動物だ。

さして夜目が利くでもないのに、見ることで周囲の状況を把握しようとし、結果、暗中では強い不安を抱く。

視覚優位となったのは、もちろん戦後からではなく、大昔……多分、人間が火を手に入れて、使い始めて以降に違いない。

その明るさに目が眩《くら》み、私たちは見ることで世界を把握できると錯覚したのだ。

しかし、実際の我々は自分の背を見ることもできないし、壁があれば向こうもわからない。それでも視覚に依存するのは、見るというより、光、明るさそのものを重視しているためだろう。

世が「明らか」であるならば、己の視野から外れたものでも、誰かがきちんと見ていてくれる。そこで悲鳴が上がらなければ、危険のないものなのだ――と。

けれども、光の世界では、自分も多くの眼差しに曝《さら》され続けることになる。そして、それら他者の眼差しに適《かな》ったもののみが真・善・美などと評価される。

そんな社会は、うまく回れば道徳的な理想郷となる。しかし、失敗すれば、監視社会だ。

いずれにしても、私たちは本当にそんな清らかで、正しい世界のみで生きていけるものなのだろうか。

少なくとも、私は無理だ。

確かに明るいところに出れば、私たちはホッとする。けど、眩しい場所から暗いところに入り込み、息をつく瞬間もあるはずだ。

闇に生きろというのではない。

見えない闇は確かに恐ろしい。

潜む危険を察知できずに、後れを取ることは命に関わる。

闇には喪失の危険もある。

暗い夜道を歩いていると、私はふと、周囲と自分の境界が滲《にじ》むような気がするときがある。

境が見えない状況で、他者であるはずの空気や臭いが、皮膚に染み入ってくる感覚を、リアルに得ることがあるのだ。

それが良いものと思えないとき、闇は恐怖の対象となる。

しかし、実際は光の下《もと》でも太陽光線は皮膚に浸みるし、大気は身の内に入ってきている。にもかかわらず、私たちは光の下では見えないものは存在しないと考えて、わざと鈍感に振る舞うのである。

闇には危険がある。けれど、無視と鈍感も危険なことだ。

昼間見ていた川の向こうが、夜に見えなくなったとしても、我々は川の対岸が存在することを知っている。ならば、闇に感じたナニカの気配も、光の下に生きているのだ。

それを忘れるのが一番、怖い。

光と闇、双方を知る視点が必要なのだ。双方をきちんと保持することが、調和の取れた状態なのだ。

同じく『お祓い日和』の中、私はこうも記している。

「西洋の宗教家は『悪というのは、間違えた場所に配属された力だ』と言った。厄も同じだ。五行の火は本来、陽のエネルギーを持つ。それが陰に傾いたとき、火の勢いは『間違えた場所に配属されて』戦いという厄に変わるのだ。」

「厄における災いも、バランスの悪さが引き起こした『状況・運の病気』だと定義づけることも可能だ。」

――光だけではバランスが崩れる。それが災いの元となる。

清らかなイメージの「祓い」の裏に、「調伏」という排除の思想があることを無視するのも厄となる。

そんな災厄から逃れるためにも、私たちは「祓い」と同時にマジナイやノロイに対しても関心を向けていかねばならない。

マジナイと言っても様々だ。

細分化すると、きりがないので、ここでは具体的な方法ではなく「術」と「心」に目を向けてみよう。

「術」というのは、大袈裟なマジックショーのごときものでも、妖しげな催眠法でもない。

術とは手段のことを指す。

それは技術・スキルであって、思想の入り込む余地はない。

「剣道」と言われる格技がある。

剣道は今、竹刀《しない》という道具を用いて心身を鍛錬・育成することを主目的としている。

だが、剣道が剣道となる以前、そこには「剣術」があった。

剣術は、刀という道具を如何《いか》に使いこなすかという技の理論だ。

倫理は介入しないため、用い方を誤れば、人殺しの手段となる。しかし、剣道もまず術がなければ、道義だの正義だのといった思想を持ち出すことはできない。

術は、理屈以前のものなのだ。なのでまず、どの術を選択するかが重要となる。選んだ術を使いこなしたのちに、活きてくるのが思想・心だ。

実際、呪術に効果があるかどうかについては、本書では触《さわ》らない。

そこを語ると面倒なので、効果はある（期待できる）ということで、この先の話を進めていきたい。

心の問題は厄介だ。

例として「九字」を出してみよう。

「臨・兵・闘・者・皆・陣・列・在・前」と九字を切る護身の法は、本来、山伏《やまぶし》や密《みっ》教僧《きょうそう》が伝えていた技だった。

しかし、今は本でもインターネットでも、検索すれば様々な九字の方法が閲覧できる。

では、作法が同じであるならば、素人がやってもプロがやっても、効果は同じなのだろうか。

同じだとすれば、わざわざ師から学ぶ必要はないのではないか。マニュアルを見て真似すれば、誰にでも効果は得られるはずだ。

そんな疑問が湧いてくる。

しかし、私の知るプロは皆、同じではないと口を揃える。

なぜか。

いくつか、現実的な理由が存在するのは明らかだ。

まず、口伝・秘伝の多くは民間には伝わらないものだということ。

公になっている技の多くは、要《かなめ》のところが抜けている。だから、正確に記されていれば、素人でもできる技であっても、肝心な作法が抜けているため、効果を発揮しないのである。

ふたつめの理由として挙げられるのは、実際問題として、本の記述だけでは詳細が伝わらないことにある。

多くの本では、タイミングや順番が省かれている。

たとえば、九字の印をひとつ、マニュアル通りに組むときも、どこの指からその形を作っていくのか、記してある本はほとんどない。

その他、視線の向きや声の出し方等、実際の場面を見ないと習得できない部分があるため、本の記述は厳密な意味での正確さを欠いてしまうのだ。

三番目の理由は、身も蓋もない。

密教や秘密結社等に伝わるマジナイは、公になったときにはもう、当事者たちはその方法を手放しているときがあるのだ。

この場合、書物に記されている方法は、使用していた団体が役に立たないものとして廃棄したものの寄せ集めとなる。

特に西洋の魔法書は、その傾向が強いと言える。

つまり、現実的な理由でも、書物に記された呪術のほとんどは使えないのだ。ゆえに素人が真似しても、形にすらなっていないため、効果は期待できない、となる。

但し……ここからが「心」における厄介なところとなるのだが……ノロウという純粋な思念だけならば、術はいらない。誰にでもできる。

怪談では定番の「生霊《いきりょう》」が、その代表だ。

恨みを持った人間が念を送りつけ、相手を不幸にすることは道具など使わずともできる。

必要なのは、強い意志だけだ。

藁人形なぞ持ち出さなくても、意識を飛ばし続ければ、相手に影響を与えられる。それが「生霊」という怪異の理念だ。

では、人を不幸にできるほど怨念を抱いた素人が、藁人形に釘を打ったらどうなるのか。

ヤれるのではないか、と私は思う。

再び剣道に喩えるならば、剣術を知らずとも、気合いだけで剣を持った人間に勝ったという逸話はいくらでもある。

その心に術が備わったなら、ある意味、その人は「道」の達人となる。

泣きながら呪詛を呟くだけではなく、道具を揃え、リスクを知りつつ、恐るべき呪術に手を染めようというのなら、その本気は誰にも止められまい。

幸か不幸か、現行法では呪詛は犯罪とはならないのだから、それで相手が死んでしまっても殺人罪には問われない。

まったく恐ろしいことだ。

……と、話を終えてもいいのだが、面白いことに、物事はそう簡単には成就しないようにできている。

マニュアルに則ることにより、気が殺《そ》がれてしまう場合もあるからだ。

身に覚えのある人も多いと思うが、何かをしようと道具を揃えているうちに、馬鹿馬鹿しくなってしまったり、揃えたことで満足をしてしまう人は随分といる。

また、実際、行為に至っても、その時点ですべてが成就した気持ちになってしまうケースも少なくない。

人形を用いて、恨んだ当人を殺すという代替行為をしたことで、心が鎮まってしまうのだ。

本気でなかったとは言わない。

私はむしろ、多くのマジナイは、見た目がどんなにおどろおどろしかろうとも、人としての一線を越えないための鎮静作用を持つと考えている。

だから、効果はなくてもいい、いや、ないほうがいいということになる。

縁切りで有名な社寺に行くと、ノロイの文言を連ねた絵馬や、針の刺し跡のある写真なんぞにお目に掛かるときがある。

大概の人は気味悪がるが、それらを見ると、私はホッとする。

——ここで気持ちを納めたんだな。

そう思うことがほとんどだからだ。

余談になるが、それゆえに縁切りで著名な社寺は清々しく、エネルギッシュな場が多い。そういう社寺は人の負の思いを受けとめて、まさにお祓い、即ち浄化する能力を持っているからだ。

少々脱線してしまったが、心と呪術はこのように曖昧で面倒臭い関係を持つ。

どちらを無視しても、バランスは崩れる。

バランスが崩れれば、禍《わざわい》が来る。

そう。光と闇のように、術と心も表裏一体のものなのだ。

この二者と同時に、マジナイ・ノロイで大切なことがもうひとつある。

如何に繋ぐか、如何に切るか、だ。

ノロイ・マジナイは、他者（人とは限らない）との繋ぎ方にポイントがある。

一方、自己を守るお祓いは、他者の意念を如何に切るかに重点を置いた方法だ。

先に、暗中では、周囲と自分の境界が滲むような気がする、と私は記した。

祓いは、その危険な浸食を断つ。

私たちの運勢は、始終、他からの介入を受け、そして浸食されやすい。『お祓い日和』にて、あれだけ多くの方法を並べられたのがその証左である。

日本人は浸食の危険をよく知っていたのだ。

けれども、我々はその感覚の利点をもきちんと押さえていた。自他が混ざり合う闇の中では、自分を他に浸食させることも容易《たやす》い、と。

それに気づけば、しめたものだ。

曖昧な世界に身を置いて、現《うつつ》の身体の境界を越え、手をどこまでも遠く、伸ばしていく。

その感覚に慣れたのち、触れるもの、摑めるものが自在に選択できたなら、そうして、目的と手を繋げたら――ナニカがそこで成就する。

それが、繋ぐマジナイだ。

もちろん、私は素人なので、そんなことはできない。が、呪術という行為がそういったものだというのは知っている。
光の世界は安心できるが、限定的だ。
闇は危険だが、無限の世界だ。
ボーダーレスな闇に身を置いて、浸食されるか、浸食するか。
成否の鍵は、まさに各人の心の持ちよう。
闇を恐れ、闇に近づく魂の強さにかかっているのだ。

第一章　お咒い日和

言

「はじめに言葉ありき」と、神が言ったというのなら、言葉こそ原初の力を持つ。

日本では古くから、言葉が霊力を持つという考えがあり、「言霊《ことだま》」といった単語で表されてきた。

『万葉集《まんようしゅう》』の中、山上憶良《やまのうえのおくら》はこう歌っている。

「そらみつ大和《やまと》の国は　皇神《すめかみ》のいつくしき国　言霊の幸《さき》はふ国」

「言霊の幸はふ」とは、言葉に宿った魂が幸いをもたらすという意味だ。その根底には、声に出した言葉が現実に影響を与えるといった考えがある。

言霊のコトは事のコトであり、タマは魂のタマでもある。魂は浮遊するものゆえに、言葉も単なる音の範囲から漂い出、コトである事象に影響を与える。

この考え方自体もまた、同じ音は相互に響き合うという言霊的な思想から来ている。なんだかややこしい話だが、要は善《よ》い言葉を発すると吉《よ》い事が起こり、悪《あ》しき言葉は凶事を呼び込むというわけだ。

言葉には霊力がある。『宇治拾遺物語《うじしゅういものがたり》』には、こんな話が残っている。

——伴大納言善男《とものだいなごんよしお》が佐渡国郡司《さどのくにのぐんじ》の従者をしていた頃、任地にて、奈良の西大寺《さいだいじ》と東《とう》大寺《だいじ》をまたいで立つ夢を見た。

　そのことを妻に語ったところ、「あなたの股《また》が裂かれるという夢でしょう」と言われた。「つまらないことを喋ってしまったものだ」と善男は消沈し、主人の屋敷へ向かっていった。

観相《かんそう》の名人でもある主人の郡司は、善男の夢の話を聞いて、日頃はまったくそんなことをしないのに、ご馳走を並べて、座布団まで出してもてなした。

「おだてておいて、妻の言ったとおり、あとで股を裂こうとでもいうのか」

　そう思って恐れていると、郡司は言った。

「その夢はやんごとなき高い位に就く夢です。だが、それをつまらない人間に喋ってしまったため、高い位に就いても、何かの事件で罪を被《こうむ》ることになるでしょう」

　やがて、善男は上京して大納言まで至ったが、最後には罪に問われる身となって、郡司の言葉通りになった……。

　この物語は本来「夢解《ゆめと》き」のカテゴリーに属するが、言霊の力を示すエピソードでもある。妻の言葉は悪しき言霊の典型だが、それを上書きした郡司の言葉も、結局は災いを招いている。

善男はふたりの言霊の呪詛により、罪を被ったと言える。

言葉は夢より遥かに強い。

夢解きは夢そのものよりも、解釈する「言葉」のほうに力の重点が置かれている。良い夢は人に話すなと言われるが、その背景には相手の言葉によって、夢の力が失われることへの恐れがあるに違いない。

実は、この言霊を用いたマジナイを我々は日常的に行っている。

その典型のひとつが「いってらっしゃい」だ。

「いってこい」「いってきなさい」も同様で、これは「行って、（帰って）来い」という意味になる。

つまり、「いってらっしゃい」は、「行って・いらっしゃい」。目的地に行ったのち、無事に帰ってこいという、半ば命令的な意味を含んだ引き戻しの呪言《じゅごん》なのである。

ゆえに、娘が嫁に出るとき、家人は「いってらっしゃい」とは言わない。別れて戻るなという祈りを込めて、ただ「いきなさい」と送り出す。

受験生に「滑る、落ちる」と言わないとか、宴席の終わりに「おしまい」とは言わず「お開き」と言うとか、日本人は悪しき言霊を悉《ことごと》く排除しようとしてきた。

蘆をヨシと言うのも、博打打ちが鯣《スルメ》をアタリメと呼ぶのも、験担《げんかつ》ぎというよりは、言霊の力によって負を正に変えようとする行いだ。

祝という文字は「人の口を以て神に交はる者」の意味だとされる。

祝の字は漢字ではあるが、言葉によって神霊を呼び込むという感覚は、日本にも色濃く残っている。

言葉に対するそんな畏れは、隠語や言い換え、忌み言葉など、多くの禁忌《きんき》を生み出してきた。

殊更、言葉に出して言いたてる行為、即ち「言挙《ことあ》げ」を忌むのが、その最たるものだ。

　葦原《あしはら》の　瑞穂《みづほ》の国は　神ながら　言挙げせぬ国　然《しか》れども　言挙げぞ我《わ》がする　言《こと》
幸《さき》くま幸《さき》くませと　つつみなく　幸くいまさば　荒磯《ありそ》波《なみ》ありても見むと　百重《ももへ》波《なみ》千《ち》重《へ》
波《なみ》にしき　言挙げす我は　言挙げす我は　（『万葉集』巻十三　三二五三　柿本人麻呂《かきのもとのひとまろ》）

（葦原の瑞穂の国は、神慮《しんりょ》のままに言挙げしない国です。それでも、私は言挙げをします。お元気で、ご無事でいらっしゃいませ。つつがなくあれば、荒磯波があっても、また逢えます、と。百重波千重波のように、繰り返して言挙げをします、私は。言挙げをします、私は)

言挙げに伴う災いを覚悟してまで、旅行く人の幸いを祈るという、情熱的な意思表明だ。

なぜ、言挙げが忌まれたのか。

その故事として、よく持ち出されるのが、倭建命《やまとたけるのみこと》の伝説だ。

――伊吹山《いぶきやま》にて、倭建命は山の神の化身である猪に出会った。命はそれを見て、「これは神の使いだ。帰りに退治しよう」と言挙げした。だが、神そのものの化身をただの使いと間違えた言挙げであったため、命は神の祟りに遭って、亡くなってしまった……。

言挙げは、鋭い呪力を持つ。

正しくない場合には、あっという間に命を取られる。

しかし、己の意志が天に照らして正しいものであるのかどうか、当人には判断しづらいものだ。

ゆえに、言挙げ——意思表示すること自体を古代の日本人は恐れたのだ。

そんな言挙げに対する恐怖は、日本の社会そのものにまで、侮りがたい影響をもたらした。

不言実行《ふげんじっこう》を善しとして、公の場で言葉を使わず、腹芸《はらげい》や根回しなどを駆使《くし》して意見を通す技が発達したのも、日本ならではの現象だ。

生憎《あいにく》、その文化は国際社会では通じないため、様々な軋轢《あつれき》を生み出した。ゆえに今は、意見ははっきり言うほうがよいとされている。

けれど、それでも、我々は西欧人に比べれば、言挙げを好まず、無口であることをおくゆかしいなどと言っている。

実際、今でも大切な事を告げるときはついつい声を潜めてしまうし、高声《たかごえ》の文言より、耳打ちのほうに真実があると思ってしまう。

もっとも、公的な伝達事項は「事触《ことぶ》れ」と言われ、声を上げて伝えるものとされていた。

過去、鹿島神宮《かしまじんぐう》には祭神の神託《しんたく》を告げる事触れがあり、その年の吉凶・天変地異などを触れ歩いた。

神のお告げには間違いがないため、大声で報せても構わない。一方、個人の意思表明は、その正偽が曖昧なため、忌避されるというわけだ。

そのため、神の前では沈黙を守らねばならない祭りもある。

言葉の力は強いからこそ、神の言葉を待つ場所を人ごときの言霊で無闇に乱してはならないのだ。

だが、古代でも現代でも、言挙げが必要なときはある。そういうときは、どうすれば災いから逃れられるのか。

磯城島《しきしま》の　大和の国は　言霊の助くる国ぞ　ま幸《さき》くありこそ

（大和の国は　言霊の　助け給う国です　どうぞ、ご無事でいらしてください）

先程挙げた歌の反歌だ。

日本は言霊が助けてくれる国だから、私の言挙げはあなたの助けとなる、大丈夫だ、との意味である。

これは言霊によって、言挙げの危険を上書きし、幸いに変える呪言の反歌だ。

「不安なんだけど」「大丈夫だよ！」、「怖いんだけど」「平気だよ！」。

単純な、このやりとりこそが、言葉による災いを消し去るための極意でもある。

逆に「運が良かったよ」「二度とないね」、「うまく行きそう」「甘いんじゃない？」。こんな言葉を返してしまえば、災いを上書きすることとなり、ある意味、言葉の呪詛となる。

ポジティブであればいいとは言わないが、言葉に責任を持つというのは、呪術的には、言葉によって引き寄せられる事象にも責任を持つということだ。

そのことを知っているだけで、現実はどうとでも変えられる。それがシンプルで最強な、言霊によるマジナイだ。

しかし、いつでもどこでも美しい言葉を並べれば、幸せになれるというわけではない。

わざと悪い言葉を用いて、魔から身を守る方法もある。

日本では自分の子供を「愚息《ぐそく》」だの「豚児《とんじ》」だの言い、また、人に贈り物をするとき「つまらないものですが」などという言葉を添え、「粗品《そしな》」ののし紙をつける。

これはどういう作法なのか。

斎藤たま著『まよけの民俗誌』（論創社）に、その答えが載っている。

「『素晴らしいものです』『これおいしいものです』と触れるとどうなるか。眠った子を起すの道理、通り過ぎようとしたモノまで引きよせ、振り返らせ、蠅がご飯にたかるようにモノにまみれることになる。そのモノがついたままの品を相手方に渡すということは、最大の無礼・不作法であった。」

続いて、氏は自分の子供を愚息などと称するのは、ただの謙遜ではなくて、「子どもにも『粗品』ののし紙を貼りまわす心」だったのではないかと記している。

ここでいうモノとは、物《もの》の怪《け》、魔物の類を指す。

美しい物、素晴らしい物に惹かれるのは、人間に限ったことではない。

だから、惹かれ寄る魔性のモノどもの注意を惹きつけないために、大事な物ほど、つまらないもののごとくに語るのだ。

これもまた、言葉の力を用いた立派な防御策である。また、言霊は人ならぬモノにも作用するという証左であろう。

その中、特に強い効力が発揮される言霊がある。

祝詞《のりと》・真言《しんごん》・和歌などだ。

強い力を持つゆえに、祝詞は間違えてはいけないとされている。

また、歌には和歌と歌謡があり、双方共に呪力を持つとされている。和歌そのものが神に通じると記したのは、『古今和歌集《こきんわかしゅう》　仮名序《かなじょ》』であるが、民間に伝わるマジナイもまた、和歌を「呪歌《まじないうた》」とし、効力を謳った。

　例を挙げよう。

「さよふけて、もしも音づるものあらば　引《ひき》をどろかせ、我まくら神」

次の呪歌を三度唱えて眠れば、夜間、泥棒に入られる心配はないという。

歌自体は大した内容ではないが、それを三十一文字《みそひともじ》の和歌としたことで、言霊の霊力が強化されるのだ。

　このように、言葉を使ったマジナイは音声ひとつで成就する。

　あまりにも簡単な呪法だが、しかし、ここでまた先述のごとく、心の持ちようが問題になる。

　心をどう保つかについて、真逆の説が存在するのだ。

　ひとつは、言葉に気持ちを込めないと、力のある言霊にはならないという説。

　もうひとつは、大事なのは音そのものであり、逆に真言などに気持ちを込めると、威力が鈍るという説だ。

　言い分を聞けば、どちらもそれなりに納得できるし、真実はわからない。なので、アドバイスはできない。が、両者に共通して言えることがある。

「声に出す」ということだ。

声に出すからこそ、何かが起きる。宣言をすることで力を得る。

八〇年代のヒット曲『ダンシング・オールナイト』の歌詞に「言葉にすれば　嘘に染まる」とある。これは、真実を含んでいる。

感情は喜びひとつ取っても、時によって千差万別だ。言葉を尽くしても、自分の心の真実すべてが伝わるとは限らない。

そんな複雑な感情を「嬉しい」というひとつの言葉にまとめた瞬間、感情の枝葉は削ぎ落とされて、それだけが真実として世に出てしまう。

それは嘘ではないかもしれないが、真実のすべてというわけでもない。だから、どんなときにでも、言葉はある程度の嘘を含んでしまうのだ。

言葉は危険であり、重宝であり、容易に吉凶を自他に招く。

それをマジナイとするときは、真実を告げるのではなく、真実を呼び込むものだというのをきちんと意識すること。

それが適えば、言霊の力は計り知れないものとなるのだ。

結・折・切

藤原覚一《ふじわらかくいち》氏は『図説　日本の結び』（築地《つきじ》書館《しょかん》）の冒頭で、「人間の生命をささえ、生活を進めてきた画期的な力となったのは、火と結びの発見であった」といった話を紹介している。

確かに糊も釘もない時代、藤蔓《ふじづる》などで石器《せっき》に柄《え》を結びつけることにより、狩猟や農業の効率は飛躍的に向上したに違いない。

紐を結んで網ができたことで漁業も発展し、竹籠が編めれば容器も軽くなる。布が織られて、帯で結んだことで衣服は整って、木材を繋ぐことが可能となって、家が建ち、船が造られた。

たったひとつ――結ぶことを覚えただけで、人の生活は激変したのだ。

結びは現実的な技術であるが、それが与える恩恵に神秘的な力を見るのは容易なことであっただろう。

結びの信仰は世界にある。その中、日本人は古くから、「結び」というのは魂を結び入れることだと考えてきた。

その作法は大きく分けて、「結ぶ」と「結びを解く」のふたつとなる。が、呪術的な意味があるのは、圧倒的に「結ぶ」のほうだ。

結ぶことは凶事を封じ、吉事を結い止める。だから、祝儀《しゅうぎ》・不《ぶ》祝儀《しゅうぎ》どちらの袋にも、水引《みずひき》が用いられている。

婚礼用の祝儀袋と、弔事《ちょうじ》に用いる水引は「結び切り」という方法が採られる。これは一度結ぶと引っ張っても解けないことから、二度あるべきではないことに使われる。
一方、普通の慶事に用いる水引は、蝶結びのようになっている。端を引けば解けて、再び結び直すことが可能な結びは、喜び事は何度もあるようにという願いと呪が込められている。

ちなみに「蝶結び」と記したが、正確には、この結びは「もろなわ結び」という水引独自の結び方だ。また、結び切りのほうは「鮑結《あわびむす》び」が格上で、のし袋の「のし」の由来になった鮑を象徴するものとなっている。
本来、水引は吉事には奇数、弔事には偶数本を用いる。これは奇数を陽、偶数を陰とする陰陽五行の思想から来ている。

陰陽の考えは、髷《まげ》を結っていた当時、もとゆいにも用いられていた。
もとゆいとは髪の一部を立たせるために、巻き付ける紐のこと。平時は奇数、凶事のときは偶数回として、紐を髪に巻いたという。

このように水引ひとつにも多くの種類があるのだが、実用・装飾を合わせて、日本には五百を超える「結び」が伝わっている。

紐を用いて箱を結ぶ方法だけでも、鎧櫃《よろいびつ》、文箱《ふばこ》、行李《こうり》、食籠《じきろう》（食物入）、カルタを入れるための箱まで、その結び方はみな違う。

武士の装束なら、先程のもとゆいはもとより、刀、甲冑《かっちゅう》、馬具《ばぐ》すべて、違う結び方がある。

羽織《はおり》の紐の結びには、男女・身分による差があり、罪人を縛る捕り縄にすら、職分・身分で差があった。

結び方そのものにも基本的な区別があって、輪の中に左から紐を通す男結び、右から通す女結びを一対として、陰陽、五行、七五三、真行草《しんぎょうそう》など、同じ結びでも格や用途によって変化をつけた。

一見、これらは装飾、あるいはただの目印のように思えるが、その奥には目的物の魂を如何にその場に結い止めるか、そのための配慮が籠もっている。

ゆえに完成した形だけではなく、どちらの手を使うか、どこから結ぶかなどという、陰陽道《おんみょうどう》などに則った呪術的な作法が重要となる。

実を言えば、ここまで多様な結びができた原因は、礼法礼式が流派となり、一流一派相伝の方法が次々と考案されたため。他流との違いをつけるために考案されたものも多くあり、すべてを呪術的だと言っては牽強付会《けんきょうふかい》のそしりを受けよう。

だが、「このときは、この結びのほうが相応《ふさわ》しい」と各流派が工夫した裏には、見た目と共に見えない「効果」を考えたときもあったのではなかろうか。

いずれにせよ、それらすべての結びの奥に潜むのは、「凶事を封じ、吉事を結びとめる」――これだけだ。

縁結びという言葉はあるが、不幸を結ぶという言い方はない。結びはあくまで、物事を吉《よ》い方向に運ぶマジナイなのだ。

古代では、恋人の心を繋ぐため、庭の草を結んでマジナイとした。

病気を治すため、年の数だけ紙縒《こよ》りを結ぶ呪法もあった。

また、赤ん坊の着物には、魔に魂を奪われないよう、「背守り」というものをつけたが、これも一番シンプルな形は糸を玉結びにして縫いつけたものだ。

お神籤《みくじ》を結んで、凶を封じること。結び閉じられた茅輪《ちのわ》を潜って、祓いとすること。神社に掛ける注連縄《しめなわ》の結び。籠目《かごめ》や五芒星《ごぼうせい》に編まれた物で魔を避けることもすべて、

「結び」なくしては成立しない。

大体、髪から着物、下駄に至るまで、日本人はどれだけ多くの「結び」で装っていたことか。

そのそれぞれに思いと魂を込めたなら、日本の装束は、まさにマジナイの塊となる。だから、もとゆいや帯が解けたり、鼻緒や靴紐が切れることに、日本人は意味を見出し、ときに災いの予兆としたのだ。

その思想が一番強く出ているのが、鼻緒の「緒」という言葉にある。

「緒」の文字が用いられたとき、そこには「結び」より強い、命懸けの力が込められる。

「玉の緒」という単語があるが、これは肉体に結ばれた魂、命を意味している。結ばれているから、命がある。ゆえに、肉体を離れた魂を玉の緒と呼ぶことはない。

母体と胎児を繋ぐ組織を「へその緒」という名前で呼ぶのも、切れると命に関わるからだ。

現在、奇しくも、へその緒の中の血液である臍帯血《さいたいけつ》が医療で注目を集めているが、その重要性は既に「緒」という言葉によって示されていた。

我々はへその緒を頼りにこの世に生まれ、結びの技術によって生まれた様々な物に頼りつつ、人や社会と縁を結んで生きていく。

結びなくして、人間は生きてはいられない。ゆえに「結び」は命そのものを保っための呪力を秘める。

今、我々が意識もせずに紐を結ぶ所作の中には、莫大なエネルギーが宿っている。

それを意識することが、善き人生を歩む秘訣だ。


「折る」という行為は、おおまかにふたつに分類される。

ひとつは、幅のあるものを畳む行為としての「折る」。もうひとつは物を分断・分割する行為としての「折る」。

一番目の畳む行為は、折紙《おりがみ》や折形《おりかた》に代表される。

折形は折紙の別名でもあるが、一般的には贈り物などを紙で包む形式を言う。

折紙と折形、どちらが先に発生したのか、それはわからないけれど、双方とも高い美意識と共に発展してきたことは間違いない。

『日本の折形集　展開図と折り方一六〇例』（淡交社）を記した荒木《あらき》真喜雄《まきお》氏によれば、物を包む日本の伝統的な方法には、三つの特徴があるという。
一、中身の正体をあきらかにする、垣間みせる。

二、もののまわりになにほどかのゆとりをもたせる。

三、紙の大きさ（広さ）に応じてかたちをつくる自在さをもっている。

「結」同様、こういう手業に細かい差異を持たせて美を競い、多くの形を作り出すのは、日本人の得意とするところだろう。

同書には、ごま塩の折形だけでも十三種類が載っている。

たかが、ごま塩。されど、ごま塩。

塩という聖なる食物を包むため、そして、その精霊を喜ばせるため、我々の祖先は様々な技を競ってきた。

いや、バリエーションができた真の理由は、これも「結」のときと同様、流儀・流派によって細かな違いが生じた結果だろう。

十月亥《い》の日に「玄子《いのこ》餅《もち》」を振る舞う風習があるが、将軍家では将軍自らが、御殿に参った者たちに玄子餅を下し与えた。

その際、配られた餅の包みは、位階・職階によって異なり、各折り方自体も十以上の手を要する複雑なものだったという。

たかが、餅。されど、餅。

餅もまた聖なる食べ物ではあるが、本来、単純な包装を複雑化して、立場による相違をつけるのも「結」の場合と同様だ。

だが、「結」と「折」では、含まれる意味に大きな違いがある。

「結」が物品あるいは魂を結縛《けつばく》するものであるのに対し、折った紙で包む行為は、物に衣装を着せるのに近い。つまり、物の魂を繋ぎ止める「結」よりも、一段階、優しく母性的なのが包装としての「折」と言えよう。

ここで「包」についても触れておこう。

行為としての「包」は、母性的な保護にも通じる。包み込む、包むように抱く、包んで守る……。優しい感覚が伴う行為だ。

包むことの目的のひとつは、対象を守ることにある。その力は袋状になっているものが最も強い。その中でも突出した力を持つのが、胞衣《えな》（胎盤・卵膜）だ。

胎児を包んで育む胞衣は本人の分身とされ、出生後も神聖視された。胞衣を埋めるのは、夫の役目だ。

東京・根津神社《ねづじんじゃ》には徳川家宣《とくがわいえのぶ》の胞衣塚がある。有名なところでは天照大神《あまてらすおおみかみ》の胞衣で、それが埋められた山は恵那山《えなさん》、その地方を恵那と呼んでいる。

胞衣は大きな石の下に収めたり、墓地、家の床下、入口の敷居《しきい》の下に埋める習慣があった。

埋めた後をよく踏まないと、親の言うことを聞かない子供になるといわれるために、敢えて家人が踏みつける場所に埋められたのだ。

また、その上を最初に通った動物を嫌いになるとも伝えられ、成長したのちの本人の性格に影響を及ぼすと考えられていた。

そういう大切な「分身」ゆえに、胞衣は他人の手の届かないところで保管されたのだ。亡くなったときには、へその緒と共に胞衣も埋めると、どこかで聞いたが、普通の寿命を全うした場合、胞衣はもう溶けてしまっているに違いない。

保護とは別に、いくつもの物品を一緒くたにするのも、包みの作用だ。

これは包囲という言葉通りに、中に入った者を外に出さない、結界に似た作用を持つ。

しかし、前述のふたつ以上に「包」には面白い役割がある。

化けること、幻惑すること、だ。

綺麗な衣装に身を包む。粗末な衣装に身を包む。それによって、中身は同じでも印象が変わるのが衣服である。

ラッピングも同じ。同一の品を美しい布や紙で包むか、安い包装紙で雑に包むか、あるいは剝き出しのままにするか。人の印象はそれで変わる。

やや、悪い言い方をするならば、包みは目くらましに使えるわけだ。が、その根本は包まれたものの正体を明らかにせず、守ることにある。

「折」の包装に見られる母性には、この包みの守護力が加味されていると言っていい。

だが、「折形」に籠められる呪術は、隠蔽や印象操作を超えた吉き事を招く力を宿している。

伝統に則って作られた折形を表から見ると、その折り線のほとんどは交差することなく、上へ上へと重なっていく。

これぞまさに「重畳《ちょうじょう》」であり、遮るもののない上昇だ。折形にはそういった吉事への祈りも籠もっている。

一方、折紙は遊技性が高く、工芸作品の色彩が強い。

当然ながら、紙を折るといった技法は世界各地に存在する。その方法で、何かの形を作る技術も世界中に散らばっている。

ゆえに現在、折紙には国際的な交流会も存在し、斬新な技法が次々と編み出されていると聞いている。

紙を折って何かの形を作ることは、日本でも古くから大衆のものとなっていた。

江戸時代の文献には、様々な折紙を見せる芸人の姿が記録されている。折紙の技は「芸」の範疇に入るものでもあったのだ。

しかし、この芸は単純な遊びのみに用いられたわけではない。

形を作れば、魂が入る――ノロイの藁人形同様の考え方が、折紙にも宿っている。

折形は中に物が入るため、折形そのものの魂は希薄だ。包んだ物の魂を引き立てる技法が折形、と言ってもいいのかもしれない。しかし、折紙は違う。

一枚の紙が人となり、獣となり、鳥の形を取ってしまえば、そこには容易に魂が宿る。我々人間は、それを感じる。

思想の根本に横たわるのは、類似したもの同士は互いに影響しあうという「類感呪《るいかんじゅ》術《じゅつ》」だ。

陰陽師は折紙を用いて式神《しきがみ》を作ったという話もある。詳しい作法は不明だが、絵や紙を切った人形《ひとがた》よりも、立体的にできる分、折紙は類感呪術には用いやすかったに違いない。

病気回復や祈願のため、千羽鶴を折るのはなぜなのか。

鶴は長寿の象徴であり、代表的な吉祥の鳥だ。それを紙に描くのではなく、折って立体化することで、我々は病人の枕辺《まくらべ》に、より強い、よりリアリティの籠もった吉祥——快復の呪をもたらそうとした。

いや、折紙に籠もるのは、似たものの魂だけではない。それ以上に意識すべきは、折った人間の意念や意志だ。

折紙は「折る」行為者が、自らの手指を用いてなんらかの祈りを籠めていく作業だからだ。

一番わかりやすいのが、折り鶴に用いる紙の内側に、祈りの文を書く行為だろう。

その文面は折り鶴が折り鶴のままである限り、送られた当人には見ることのない「折り込め」られた呪言となる。

記された文面が万が一、呪詛の言葉であったとしても、送られた当人は気づかない。

だが、そこで不安に煽られて、折り鶴を解く行為は危険だ。

なぜなら、折られた紙を元に戻すことは、祈りを無効にすることにもなるからだ。

もっと言うなら、籠められた念や祈りと真逆のものが、解いた当人に降りかかるからだ。

中に籠められている念が悪しきものなら、その方法は一種の呪詛返しとなる。しかし、善き念が入った紙を解くのは、災いを呼び込む行為に等しい。

ほとんどの人が、その度胸を持たないことは言うまでもない。ゆえに、折り込められた念は生きる。

折り鶴を始めとした折紙の贈答は、送り手と貰い手の信頼なくしては、呪詛合戦にもなりかねないのだ。

もうひとつ——分断・分割する行為としての「折」には、折紙より単純な呪術的意味が宿っている。

割り箸や楊枝を捨てるとき、折ってから捨てるということをしている人もいるだろう。

かく言う私もそのひとりだ。

この行為は器物が化けるのを防ぐマジナイであると同時に、己の魂を対象の器物から離すためのマジナイとなる。

使用済みの箸や爪楊枝には、使用者の唾液が付着している。

唾には呪術的な力がある。唾を吐くことで魔を避けたり、結界を張ったりすることができるのだ。

少し話が横に逸れるが、唾の呪力について記しておこう。

真偽の疑わしいものを「眉唾物《まゆつばもの》」と称するが、唾液には虚偽を見破る力があるとされてきた。だから、眉毛に唾液を塗ることで、真贋を見抜く眼力がつく。ゆえに眉に唾をつければ、狐狸《こり》に化かされないと言われてきたのだ。

「眉唾物」はその力が必要な、疑いのあるものという意味だ。

加えて、唾液には我々を誑《たぶら》かそうとする魔を滅する力も宿っている。

滋賀県三上山《みかみやま》には、俵藤太《たわらのとうた》（藤原秀郷《ふじわらのひでさと》）が大蜈蚣《おおむかで》を退治する際、鏃《やじり》に唾をつけた矢で射止めたという伝説がある。

唾には破《は》邪《じゃ》の力もある。その力の源は、唾液が個人の肉体から分泌されるもの——即ち個人の意志や魂、そして人の命そのものの一部であるところにある。

ゆえに唾には力が宿り、付着したものにも力が宿る。そんな力の宿った箸や爪楊枝を、そのまま捨てればどうなるか。

唾液に含まれた微細な魂は遺棄という負の念に育まれ、器物そのものに命を宿し、怨念の化身に変えてしまう。

付喪《つくも》神《がみ》、ちんちんこばかまの登場だ。

その危険を知るからこそ、人は使用済みの箸や楊枝を折って、化けることを阻止したのだ。

折るという行為は、分断によって命を絶ち、蘇りを阻止する動作でもある。

以前、某県知事の就任に際して、差し出された名刺を一職員が折ったことが話題になった。

なぜ、その行為が問題になり、失礼なこととされたのか。

名刺には、名と肩書きが記されている。名と肩書きを折ることは、それらを否定し、あわよくば、その生命を絶とうとする呪術であると言っても過言ではない。

職員がそこまで意識してやったとまでは、さすがに言うまい。しかし、無意識の行為のうちに、ノロイに近い感情が含まれていたのは間違いない。

物を折るのは、そのものとの関係性を断ちたいとき、またはそのものの魂を弱めたいときに用いる技だ。

「折る」は「切る」より荒々しい。肉体・手指だけで行う行為は、道具を用いる作業より原始的で根源的だ。

原始的な作法は強い。ゆえ、折る行為はパワフルで、手先のみを使う折紙にも強い力が宿るのだ。

また、分断に限らず、折り目がついたものには、その行為者の気配が残る。

お札を折れば、その札がどんなに新しいものであっても、ピン札とは見なされなくなる。他者の気配が残っているものは、中古品と見なされる。

つまり、折るという行為によって、物品は鮮度をも失くす。

魂は弱められるのだ。

――念を籠めるための「折る」、断絶するための「折る」。

これらはいずれも、行為者の魂が中心となる行いだ。

だが、このふたつとは別にもうひとつ、折ることでできることがある。

類感呪術と似ているが、それとは少し異なった、他者の魂を招く技法……なんと名付けるべきかはしらないが、その代表が幣帛《へいはく》だ。

幣帛の「折り」は、直接的に神仏と繋がろうとする技だ。

但し、ほとんどの幣帛には「折る」と同時に「切る」がついてくる。

そして「切る」にも「折る」とは別の呪術が秘められている。

幣帛は「みてぐら」とも言い、本来は神に奉る物の総称だった。

ゆえに動植物、剣や布なども、神への贈り物ならば、すべて「みてぐら」と称された。

紙が貴重であった時代には、絹布《けんぷ》などと同様に紙もまた神への供物にされた。そのため、初期は貴重な紙に加工を施さず、畳んで串に刺しただけのものを神前に奉っていた。

そこに「折る」「切る」の技を用いた紙垂《しで》がつき、紙自体にも加工が施されるようになったのは、そう古い時代のことではない。

神前に捧げる玉串《たまぐし》も、以前は紙に漉《す》く前の楮《こうぞ》の皮を用いていたが、段々、みてぐらとの混同が生じ、今の形に落ち着いたという。

実は現在、我々が知っている神道作法のほとんどは、幕末から明治以降、幾度も改変されて新しく整えられたものなのだ。

ここに詳細を記す余裕はないが、幣帛ひとつ、拍手《かしわで》ひとつも、様々な変遷を経て現代に至っているということは記憶に留めておいてほしい。

古《いにしえ》から続く〝正統な〟神道作法などというものは、実は存在しないのだ。

さて。

捧げものとしての紙類は、御幣に姿を変え、役割を変えた。

『御幣　神と仏のすがた』（片山公壽《かたやまこうじゅ》　青山社）には「御幣には、神への捧げ物としての意味合いと、鎮魂の神事によって神の御魂を招き入れる御神体として」の役割があると記されている。

現在の御幣への認識は、この解釈が妥当だろう。

捧げものとしての紙類に手業が加わるようになるにつれ、御幣もまた教派、流儀、祀られる神それぞれによる多くの形ができてきた。人の形を取るものもあれば、顔を描いたものも現れた。

まっさらな紙を折ること、そして切ることで、人はそこに相応しい神を降ろそうと努力したのだ。

幣帛が折紙と違うのは、神を表す形に紙垂が添えられているということだ。切って折った紙を下げる紙垂は「枝垂《しだ》れ」と同様の意味とされ、幣帛から垂れ下がる。

御幣に紙垂がついたのは、前述通り、のちの世のことであり、注連縄にも元々紙垂はついていなかったとされている。

では、本来、不必要な……一見、ただの装飾に似た紙垂が、多用されるようになったのはなぜなのか。

理由は――ひらひら揺れるから。

それに尽きると、私は思う。

布を振ったり、袖を振ったり。ひらひらと揺らす行為は、魂に活力を与えて再生させる「魂振《たまふ》り」であり、魂を肉体に繋ぎ止める「鎮魂《たましずめ》」の呪術だ。

揺れ動くこと、振動は即ち胎動《たいどう》である。

振動によって魂は目覚めて、活性化する。そして活力を得た魂は、重量を得て肉体や社などの器にどっしり鎮まる——即ち鎮魂されるのだ。

祭りのときに神輿《みこし》を揺するのは、揺れによって神々の魂を一層輝かせたいからにほかならない。

幣帛に揺れて震える紙垂を添えたのも、根本的な意味は同じだ。

その形への期待は大きく、やがては紙を挟んだ串そのものを削って紙垂状にして、神の依《よ》り代《しろ》とするという「削り掛け」というものも現れた。

つまり幣帛なくとも紙垂だけで、神は招べるとされたのだ。

神を祀る場において、紙垂はある意味、革命的な、偉大な発明だったのだ。

社寺における紙を切る技には「切り紙」というものもある。

「切り紙」は鋏や小刀を使って、絵や模様を切り抜いて、正月などに飾る紙細工のことだ。

源流は中国の「剪紙《せんし》」にあると言われるが、中国では主に工芸品として民間に普及したのに対し、日本ではより宗教的な行事や神事に用いられた。

無論、江戸小紋の型紙や、奈良団扇、遊技の紋切り型も「切り紙」と同一線上にある。切ることすべてが、呪術的・宗教的であるとは言えない。

「切る」における呪術性は、むしろ疑似行為の中で際立ってくる。

その代表が「ゆびきり」だ。

「ゆびきりげんまん　嘘ついたら針千本のます」

主に子供が約束の厳守を誓うために行うものだが、歌は地方によって、バリエーションがある。

一説に「ゆびきり」の起源は、遊女が客に心を捧げる証《あかし》として、小指を切って与えた「心中立て」にあるという。しかし、各地に伝わっている「ゆびきり」すべてを、それで括るには無理があろう。

「ゆびきり」は指を絡め合った状態で、上下に振る。

振る動作はやはり、魂振りだ。

行為者はその動作によって、誓約の神を誓いの場所に、絡めた指に、呼び込んだのだ。

大分県に伝わる「ゆびきり」では、歌の後、ひとりが上に向かって、ひとりが下に向かって唾を吐いた、と記録にある。

唾を吐く行為も、前述通り、魔除けの呪術そのものだ。

つまり「ゆびきり」は歌の最中に魂振りを行って神を呼び、そのあとに唾を吐いて、誓約を浄化し、不用意に近づく魔を祓う——立派な神事・呪術なのである。

だからこそ、その厳粛な約束事を破棄した場合、「げんまん」即ち拳で一万回打たれてもよい、また、針を千本呑んでもよい、という過酷な誓いがついてくるのだ。

この場合、からめた指を「切る」ことは、呼びよせた誓約の神を互いに分けて持つ、割り符のような役割を果たす。

切ることにより、我々は誓いの神を分かち持つのだ。

また逆に、忍び寄る災いを断ち切るために、ゆびきりを使う場合もある。

この方法に潜む思想は、箸を折るのと同様だ。

神奈川県には、蛇を指差してしまったときは、ゆびきりをしないと指が腐るという俗信がある。そのため、両手の親指と人差し指で鎖状の輪を作り、他のひとりに人差し指で、輪を真っ二つに切ってもらう。

この場合、輪を切ることは解放であり、結びを解くことにも繋がってくる。

また、このとき、切る側が「鎌《かま》か鉈《なた》か」と問い、切られるほうは「鉈」と答えるのが作法とされる。

蛇は金物を嫌うという俗信は各地に存在している。鎌は蛇の象徴だろうが、鉈というのは、「蛇」の虫偏を金に変えたものでもある。

この呪文は言霊の作法にも則っている。

もうひとつ。

呪術的な「切る」で有名なのが、九字《くじ》を切るという作法だろう。

「臨兵闘者皆陣列在前《りんぴょうとうしゃかいじんれつざいぜん》」という九文字の呪文はお馴染みだろうが、このとき、行者は右手の指を刀印《とういん》という形に結ぶ。

これは字のごとく刀を象徴したもので、行者はその刀によって、空間を——空を漂う魔を切り裂く。

呪術というのは、どういうわけか現実の物質そのものよりも、それに似た物のほうに強く働く。ゆえに、刀に似た指、切るという動作の模倣、魂振りの簡易版としての紙垂やゆびきりに、強大な力が宿るのだ。

呪術は特別なものではない。

そして、呪術師もまた特別ではない。

日常の些細な動作、その内に宿った意味をきちんと知る人——それこそが真の呪術師であり、世界を使いこなす人なのである。

身

この項では我々の身体が持つ呪力について、やや丁寧に記してみたい。

マジナイには色々な方法があるが、呪文を唱えるにせよ護符を書くにせよ、ほとんどの作法は施術者の肉体を用いて行うものだ。

肉体なくしてマジナイは成立しない。つまり、肉体もまた強力な呪術アイテムのひとつと言える。私たちの体は呪術的作用と、その作法で満ちているのだ。

上から説明していこう。

毛髪はよくノロイに使われる。

憎い相手の髪の毛を藁人形に埋め込んだり、燃やしたり、汚物に入れ込むことが、対象者即ち毛髪の持ち主に災いをもたらすとされている。

髪の毛は人体の一部であるから、それにノロイを仕掛けるほうが、ただの人形に念を込めるより効果的だと思われたのだ。

同様の効果を期待して、用いられるものには爪がある。が、物語上では、髪の毛の呪法のほうが一般的だ。

　また、髪の毛は生霊や死霊出現の象徴でもある。

　オーソドックスな怪談では、持ち主不明の黒髪がバスタブや部屋に落ちていることが霊現象として語られる。

　そのほぼすべてが女性の髪であるのは、女性のほうが長髪を好むこと、そして「髪は女の命」という古い言い回しがあるためだろう。

　事実、男の幽霊が髪を己の象徴として出現させる話は聞かないし、あっても、絵《え》面《づら》が様にならない。やはり髪は女のものだ。

　しかし、アイテムとしての髪や爪に、そこまでの効力があるのだろうか。これらは確かに人体の一部ではあるけれど、代謝によって伸び、髪ならば自然に抜け落ちるものでもある。加えて、持ち主によって任意に切られ、捨てられるのが髪と爪だ。

　それらに果たして、強い力が秘められているものなのか。

　はなはだ疑問ではあるし、実際、髪や爪そのものには、さしたる力はないとも聞いた。

　ただ、使う側にとってのこれらは、非常に念が込めやすい。なぜなら、髪はノロイに用いやすいと、多くの人が信じているからだ。

　思い込めば、迷いはなくなる。気持ちを込めやすくなる。手応えを感じる。そのために、髪は使いやすく、わかりやすいアイテムとなる。

髪に限らず、マジナイでもノロイでも祈願でも、迷いは持たないほうがいい。逆に迷いがあるのなら、それらに手を出してはならない。


目の呪力は、古今東西で語られてきた。

目を模したお守りも世界各地に存在する。

エジプト神話の神ホルスの目。中国やチベット由来の天眼石。トルコのナズール・ボンチュック（青い目）。

日本では古くから、籠目《かごめ》が用いられている。

籠目は狭義では五芒星・六芒星を指すが、広義では文字通り竹で編んだ籠の目を言う。

竹籠はその目の多さをもって魔物を撃退するとされ、屋根に掛けたり、狗張子《いぬはりこ》に被せたり、様々な場面で用いられてきた。

たかが籠の目ごときに恐れを成す妖というのもどうかと思うが、通常より数が多いということ——即ち「異常」であることが力となるのだ。

籠目の源には、当然ながら我々自身の目の力がある。

邪視・邪眼といった言葉を聞いたことのある人もいるだろう。邪視は悪意や妬みなど、負の感情を持って睨むことで、相手にノロイを掛ける方法だ。

対象となるのは人のみではない。身につけている物品、たとえば、きれいな指輪が嫉ましいと思ったときに、その指輪を見るだけで、邪視は威力を発揮する。そして、そのノロイによって、持ち主は不運になり、衰弱し、場合によっては死に至るのだ。

人そのものに向けたなら、その効果は一層高い。

この魔力は厄介で、中には意識しなくとも、生まれつき邪視の能力を持つ人間も存在する。これを邪眼の持ち主と言い、女性に多いとされている。

但し、この伝承はヨーロッパ及び中東を中心に言われるものだ。ゆえに、ナズール・ボンチュックなどは効果の第一に、邪眼除けを挙げている。

まさに「目には目を」の発想だ。

一方、邪悪な眼差しは日本ではあまり気にされなかった。

邪視・邪眼という単語自体、evil eye の翻訳であり、この思想が広まったのは明治以降であるらしい。だが、人の視線そのものに力がなかったわけではない。

「にらめっこ」という遊びの元々は、相手の精神力を測り、また自己を鍛錬するための遊技であったという説がある。

古くは「目競《めくら》べ」と言われ、この名はのち、人を睨みつける妖怪の名前にもなった。

やはり、目には力があるのだ。

民俗学で言われる「見るなの禁忌」も、目の力について語っている。鶴女房（鶴の恩返し）など、いくつかの昔話では人に化けたあやかしが覗き見られたことで正体を現す。

節穴や障子の隙から覗くという、通常ではない見方によって、あやかしの変化《へんげ》は解けるのだ。

股の間から覗いたり、振り向いたりする所作も同じだ。

視覚に頼ることは、現実的には様々な錯誤を生む。しかし、なんらかの工夫を加味することで、まやかしとアヤカシから逃れる技となる。

目は、その力を使って人をノロウこともできれば、ノロイに勝つこともできるアイテムだ。

口の持つ一番の力は「言葉」であるが、唾や歯、息、舌などにもそれぞれ力が宿っている。

唾液の呪力については既に記した。

歯はそれ自体が魔除けのアイテムだ。

人の歯ではあまり聞かないが、狼や虎の牙はお守りになる。強い生き物の大きな牙は、その攻撃力と生命力を帯びているためだ。

歯列の中で強力なのは犬歯だが、すべての歯にも似た力がある。歯が抜ける夢は凶兆だと言われるが、その理由は歯が若々しい生気の象徴でもあるからだ。

動物も人も、老齢になると歯が抜ける。先人たちはそんなところから、歯に生命力を見たのだろう。

歯を噛むこと、噛み合わせるときの音にも力が宿っている。

正月などに来る獅子舞では、獅子に噛まれることにより子供が息災に育つとされる。この場合、歯は災厄を噛み砕くのだ。

また、プロの呪術では、何かの術を成就するとき、またはその術の節目節目に歯噛みをして、術の力を結ぶ。

九字《くじ》を切る作法においても、歯噛みは大きな役割を持っている。

コツは音を出すことだ。

健康な歯、即ち攻撃力の強い歯は打ち合わせると良い音が出る。その音と噛む力とを、術者はマジナイの助けとするのだ。

吐く息もまた、多様な使い方ができる。

神道では、大祓《おおはらえ》のときに人形《ひとがた》に名前を書いて体を撫で、最後に息を吹きかける。

この場合、息はその人の魂や気配を転写する役割を持っている。

ゆえに、心身に厄や穢れが付いているなら、それらも人形に移されるのだ。

神道でいう穢れというのは、決して大仰なものではなく、掃除を怠ると溜まる埃や、溜まり水の澱《よどみ》のごときものだ。

穢れは誰もが持っているもので、吐く息によって排出される。そのため、神に捧げる供物を扱うときなどは、人の息が掛からないよう、神職たちはマスクをするのだ。

とはいえ、息のすべてに穢《けが》れが混入しているわけではない。

『大祓』の祝詞には、気吹戸主《いぶきどぬし》という神が、穢れを「吹き払う」と記されている。

息は使い方次第で、祓いにもなる。また、そこになんらかの情報や感情を乗せて、伝達に用いることも可能だ。

要は何を込めるか、だ。

普段、我々は無意識に呼吸をしているが、意識次第で、吐く息は毒にも薬にもなるのである。

舌は出すことによって、力を持つ。

いわゆる「あっかんべー」である。

あかんべえは、一般的には軽蔑の表現とされている。しかし、マジナイの世界では別の意味を持っている。

世界には長い舌を持つ妖怪や魔物が、多くいる。

バリ島の魔女ランダなどはその筆頭だが、それ以外にも、長い舌を出す妖怪や怨霊が描かれた絵を見たことのある人もいるだろう。

舌は異界の力の象徴なのだ。それゆえに、魔に対抗できる。

日本では、熊本の郷土玩具「おばけの金太」が見事なあかんべえをする。

「おばけの金太」は赤い肌をした首だけの人形で、紐を引っ張るとタイプに依《よ》っては、白目を剝いてベロを出す。

実在した人物がモデルになっているとの話だが、赤い色も表情も皆、魔除け、疫病除けと解釈できる。

舌だけではなく、白目、または瞼を引き下げたとき見える、瞼の裏も同じ作用を持っている。

なぜ、これらのものに力があるのか。

舌も白目も瞼の裏も、普段は他人に意識させない身体器官、隠れているものである。それをあえて表に出すという異常さ、裏が表になるアベコベさが、強い呪力を放出するのだ。

性器にも似たところがある。

世界中にある性器崇拝は、それらに象徴される生命力と豊饒に源がある。

加えて、普段は隠しているものを露にすることによる力も期待されている。『古事記《こじき》』では、天《あま》の岩屋戸《いわやど》に隠れた天照大神《あまてらすおおみかみ》を引き出すために、天宇受賣命《あめのうずめのみこと》が「神《かむ》懸《がかり》して、胸乳《むなち》を掛き出し、裳《も》緒《ひも》をほとに忍垂《おした》れ」たという。

「ほと」は女陰だ。漢字のとおり、女性器は陰陽では陰に配当されるが、このシーンではそれ以上に、乳房と性器の持つ生命力、そして、露にするという異常性の力を示していると言えるだろう。

もちろん、今、我々が人前で性器を露出すれば、警察に捕まるのがオチだ。あかんべえもまた、馬鹿にした行為と映るだけだろう。

ゆえに、異常さを誇示するこれらの呪術は、人ならぬ魔に出会ったときの非常手段と心得ておきたい。

髪・目・口などについて記してきたが、頭部の力はこれに尽きない。すべてをひっくるめて、一番強いエネルギーを持っているのは、頭そのものだ。

東京の著名なスポットに、平将門《たいらのまさかど》公の首塚《くびづか》がある。

過去、斬首は日本における一般的な処刑法だった。これは確実な殺害法であるゆえに、呪術的にも有効視された。

生き物は頭なくして体は動かず、魂も命も保持できない。死してのちも同様だ。

首と胴が繋がった死体は容易に甦る。首と胴が離れていても、一緒に埋めれば甦る。

並はずれた怨念を持っていたり、人ならぬモノの場合は殊更だ。だから、首と胴は切り離し、別々の所に埋めるのだ。

将門公の場合も同じで、胴は胴塚として茨城にある。

長野県安曇野《あづみの》にいた八面大王《はちめんだいおう》という鬼の場合は、殺されたのち、首と胴、鼻、耳、それぞれが別の場所に埋められた。

頭部に宿る強大な力を胴体に伝えないために、古の人は工夫したのだ。

そして、封じるだけではなく、彼らは頭部そのものをマジナイにも使用した。

後醍醐《ごだいご》天皇に重用された密教僧・文観《もんかん》が大成し、のちに邪教とされた立川《たちかわ》流では、祈禱法のひとつに髑髏《どくろ》を使う。

用いられるのは、外法頭《げほうあたま》と呼ばれる特徴のある頭骨で、立川流を行う者はそれを求めるために目当ての人物を殺害したり、墓を掘り起こしたなどの話が、まことしやかに伝わっている。

メキシコにおいての髑髏は死者の象徴であり、日本のお盆に当たる「死者の日」には、町中に髑髏が飾られる。

のみならず、メキシコには「善悪を問わず、あらゆる欲望を成就してくれる」とされる髑髏聖母《サンタ・ムエルテ》の信仰もある。

頭部及び頭部の骨は、正邪を問わぬ願望実現の呪力を秘めたアイテムであり、また個人の魂を支配する要《かなめ》でもあったのだ。

もちろん、それだけ強い力を持った頭部は、お守りとしても活用された。

狼や猿など、強さや知恵のある動物の頭をお守りやマジナイに使う方法は、世界各地に存在している。

呪術的世界においても、まさに「頭は使いよう」なのだ。

頭部と共に、人間の体にはもうひとつ、大きな力を持つ部位がある。

それが手だ。

人間は二足歩行によって手を使うことを覚えて以来、手指を様々な形にし、様々なものを創造してきた。

その手が、マジカルなものでないはずはない。

身体を使ったマジナイの多くは、動作と関連づけられる。その中、動きに最も多くの意味を有するのが、手と指だ。

五本の指には、それぞれに意味や作用が存在している。

指を全部折った拳の状態から、親指を立てる仕草。

握った人差し指と中指の間から親指を出す、イチジクのサイン。

親指と小指を立てるハングルース。

人差し指と小指を立て、角に見立てるホーンハンド。

人差し指と中指を立てるＶサイン。

中指を人差し指に絡めて立てる指十字。

各指を一本立てることにも、それぞれ異なった意味がある。

これらの中には、掌をどちらに向けるか、指を天に向けるか地に向けるかで、意味が百八十度変わるものがある。また、国によって吉凶も変化するので、使うときには注意したい。

仏教では、宇宙の構成を表す五大を五本の指に当てはめている。

即ち、小指から、地（ア）水（バ）火（ラ）風（カ）空（キャ）となる。

生憎《あいにく》、確認は取れなかったが、指を様々に組む密教の印というものも、五大を組み合わせることによる作用を期待しているらしい。

指の「異常」も力がある。

指の第一関節だけ曲げた状態を「まむし指」というが、これができる人間は呪術的能力が高いとされる。

事実、日本のマジナイでは、このまむし指に神の力を宿して、治療にあたる作法がある。

また、中国文化圏では、親指が二本ついて生まれた者を「神指」と呼び、同じく霊的な能力に優れた者と認識されている。

指を用いたマジナイとなると、最早、数限りない。

先に記した手印などはその典型だが、民間にも「狐の窓」と呼ばれる独特の指の組み方があり、その隙から覗くと魔物の正体が見破れるという。これは先述の〝通常ではない見方〟と指の作用の合わせ技である。

身近なものでは、前項で記したゆびきりや「えんがちょ」、葬式や霊柩車に行き会ったとき、親指を隠すというのも、立派なマジナイだ。

仲間はずれと同義の言葉として用いられている「つまはじき」にも効力がある。爪を弾くという実際の行為は、魔除けの作法なのである。

すべて容易な方法だ。

手を解放し、二足歩行となった人間は、歩行にも力を見出した。

足で踏む行為をマジナイとしたのだ。

相撲の四股《しこ》がその代表だ。今の相撲は興行だが、本来、注連縄《しめなわ》を身につける横綱は神威を帯びた存在だった。その横綱が踏む四股は、土俵という大地を鎮める地鎮となる。

また、道教で禹歩《うほ》、陰陽道で反閇《へんばい》と呼ばれる特殊な歩行呪術には、場を浄めたり、魔物から身を守る効果があるとされる。

今、この足運びを一般に目にする機会はほとんどないが、舞楽や能など、元々呪術的な意味を持つ芸能の一部には残っている。

大地を踏み、歩む行為は、大地の神を踏むことでもある。

踏みつける行為は往々にして侮蔑の意味を含むため、その行為は本来、慎重になされなければならないものだ。ゆえに歩行の呪術は、手のごとく、たわいなく単純なものにはならない。

厳格でなければならないために、それらは今、我々一般人の「オマジナイ」の中には見出せない。

つまり、迂《う》闊《かつ》に用いるなということ。

地神を怒らせると命がないので、足のマジナイには慎重になろう。

いずれにせよ、髪の毛から足の先まで、体はマジナイとノロイに満ちている。

意味と作法さえ知っていれば、肉体がある――それだけで、我々は攻撃と防御の優れた道具を持っているのに等しくなるのだ。

体はなんとも、頼もしい。

遊

「遊」という文字は、元々、神に対して使われたという。

東北地方の民俗信仰にオシラサマと呼ばれる神がある。その祭りは御神体を手に持って、祭文を唱えながら踊らせるもので、「オシラアソバセ」などと呼ばれる。

オシラサマの祭りは、遊ばせることが一番重要なのだ。

元々、神は遊びが好きだ。

「神遊び」という言葉もある。

　今、一般的な辞書を引くと、「神遊び」とは神楽《かぐら》のことを指すとある。が、本来の「神遊び」は神楽によって神が降りる「招魂《しょうこん》」——即ち、神が人と同じ次元に立って、人と交流することを言う。

　神の降りる神楽には、鎮魂や魂振りなどの作用があると言われるが、その大本は神がその場におわすこと、そして、遊ぶことにある。

　無論、今、我々が娯楽として楽しんでいる遊びのほとんどは、神事とは何の関係もない。しかし、古い遊戯のいくつかは、神や異界のモノたちとの交流の痕跡を留めている。

「かごめかごめ」を知らない日本人はいないだろう。

また、この遊びと歌に、多くの解釈があることを知っている人も少なくあるまい。

特に歌の解釈は多く、徳川埋蔵金《まいぞうきん》の隠し場所を示した歌だとか、予言であるとか。

個人の解釈まで含めると、どれほどあるかわからない。

それだけ人を惹きつける歌そのものも興味深いが、あの遊び自体を降霊の作法だという人もある。

さすがに「かごめかごめ」そのものをそうだとは肯定できない。が、目隠しをした人を中心に輪を作って回りつつ、祝詞や祭文を唱えることは、真ん中の人に神仏を降ろし、憑依させる方法だ。

この作法は「地蔵おろし」「稲荷おろし」などと呼ばれている。

現在、これらの名称と方法が一致する神事・祭事は、公には見当たらない。とはいえ、「かごめかごめ」的な方法を用いて神を憑依させる儀式は、某地方の特殊な祭りに残っている。公になっていないだけで、ほかにも同じ方法を用いる祭りはあるのかもしれない。

目隠しをすること。同じフレーズを繰り返すこと。輪を作って回ること。それらは皆、人をトランスに導くための方法だ。

ならば「かごめかごめ」も、少しの変化で本物の降霊儀式になるだろう。

やってみろとは言わないが、あの遊びに含まれる宗教的な面影を考察するのは悪くない。

「影踏み鬼」は怖い遊びだ。

幼い頃、遊んだ経験を持っている人もいるだろう。

鬼ごっこの一種で、本人を捕まえる代わりに影を踏むというものだ。

近年は昼間の遊びとなったが、明治半ば頃までは月夜――特に十三夜の晩に行われていたという。

十三夜は陰暦九月十三日の月を言い、陰暦八月十五夜の中秋の名月に対して「後の月」と呼ばれている。

その時期に収穫される作物に因んで、「栗名月」などとも呼ばれるが、十三夜のお月見は日本独自の風習らしい。

また、十五夜の対になる十三夜は、双方揃って祝うものであり、どちらか片方の月見しかしない「片月見」は縁起が悪いとされていた。

とはいえ、陰暦十三日の月は、満月ではない。

半端なこの月に、なぜ、この風習が興ったのか、どうして十五夜の次に、十三夜を祀るのか、理由ははっきりしていない。その曖昧な月夜の晩に、子供たちは影踏み鬼をした。

「影や　とうろくじん　十三夜の牡丹餅《ぼたもち》」

これがそのときの囃《はや》し歌だ。

「とうろくじん」には、道陸神・唐禄神・道禄神の文字が当てられるという。

いずれの神も神名辞典には見当たらない。が、道陸神は字面《じづら》から推するに、道祖神系と思われる。

あとのふたつも不明だが、「禄神」のつく神は一般的には吉神だ。

それが影だというのなら、影を踏むのは神を足蹴にしていることと変わらない。

一体、どういうことなのだろう。

この歌にはほかにも不審なところがあるが、話が逸れるので割愛しよう。ただ、「影が薄い」という言い方があるとおり、影は生命力や存在、実体、そして寿命のシンボルだ。実体の真実を現すものとも見なされた。

昔話の中には、障子に映った美女の影が狐だったり、髑髏《どくろ》だったりする話がある。神秘の象徴である月の光に浮かび上がった影ならば、尚更、霊的な力は増すだろう。

白日の下に晒《さら》すのが、隠蔽されてきた物事を公にするという意味ならば、月下に浮かぶ物事は合理的な世界では受け容れられない〝真実〟だ。

太陽の光でできる影が、物理的存在の証明ならば、月による影は魂の真の姿を映し出す。

それを、霊的な力を持った「子供」が「踏」んで「遊」ぶというのは、私に言わせればノロイでしかない。

「七歳までは神のうち」と言われるごとく、子供は未成熟ゆえに、異界に近いものとされてきた。

「神のうち」との言い方を聞くと、尊い存在に思えるが、本来、その魂は未分明だ。モノノケにも取り憑かれるし、魔も入る。無垢であるゆえに、子供たちの魂は外からの影響を受けやすいのだ。

岡本綺堂《おかもときどう》の『影を踏まれた女』という怪談は、まさにこの、子供らの影踏み鬼を扱ったものだ。そこにはこう記されている。

「影を踏まれると運が悪くなるとか、寿命が縮むとか、甚《はなは》しきは二年の内に死ぬなどと云ふ者がある。」

一般的な説ではないと、綺堂は前後に記しているが、当時から恐れを抱いた人は存在したのだろう。

この遊びに関する民俗学的・オカルト的な解釈も、「かごめかごめ」同様に、今はもう伝わっていない。

しかし、「かごめかごめ」に神事の面影があるのなら、影踏みにはノロイの気配があると言っていい。

月でできた影を踏む子供らは、まさに鬼の化身のごとく、私には思われるのだ。

――なんだか「本当は怖い子供の遊び」みたいになってしまったが、意味深長な遊びはこれだけではない。

影踏み鬼は明治に廃れたが、それよりずっと前、十三世紀頃まで、子供らは「石合戦」という遊びに興じていた。

ふたてに分かれて石を投げ合う遊びは、「印地《いんじ》」という石を用いた投擲《とうてき》・戦闘技術に元がある。

大人同士でも行われ、過去には「印地《いんじ》打《うち》」という、この道のプロも存在していた。

印地打は士農工商どれにも属さず、民間陰陽師のような立場にあったと文献にある。

事実、義経《よしつね》伝説に関わる陰陽師・鬼《き》一法眼《いちほうげん》の娘婿が印地打の大将だったと伝える物語も存在し、彼ら印地打は少なからぬ呪術性を帯びていた。

　京都にいた一党のひとつは、菖蒲《しょうぶ》の薦《こも》を背に結びつけていたと言い、その菖蒲に関わりを持つかのように、五月五日・端午《たんご》の節句に、行事として子供らは「石合戦」を行った。

　本物の石を投げ合うのだから、当然、負傷者や死者も出る。大人たちも参加したため、ときには大きな喧嘩にもなった。ゆえに禁止令が出て、石合戦は廃れていった。

　しかしなぜ、投擲技術集団が呪術と関わりを持っているのか。それはわからない。けれど、石には本来、神が宿るというのなら、また、人の手が加わらない自然物を扱うことに呪術性を見ていいのなら、石による殺傷が許された業にマジナイの気配を見るのは容《た》易《やす》い。

　それが子供による遊びなら、呪術性は一層、高くなる。

　影踏み鬼も石合戦も、なぜ、その日にそれが行われたのか。その理由も今は残っていない。だから、これも推測でしかないのだが、ひとつ考えられるのは、節句と厄との関係だ。

　季節・暦の変わり目は、端境《はざかい》から魔が入りやすい。

そのために、二月三日の節分をはじめ、厄除けの行事があるのだが、もしかすると、自らそういった魔に近づいていくことも、逆説的に厄を祓う効果があるのかもしれない。とすれば、災厄の気配を持ったこれらの遊びに、鬼の気配にも似たものを感じ取るのは間違いではない。

生活環境が変化した今、これらの遊びは近いうち、過去のものになるかもしれない。しかし、心霊現象を自ら起こそうとする「ひとりかくれんぼ」「ひとり鬼ごっこ」などが新たに作られ、降霊術の一種である「スクエア」「コックリさん」などは、ときどき思い出したように流行する。

これらと節句は関係ない。そのためか、新しい遊びは「遊」という文字が持つ本来の神々しさに背を向けて、闇のみに傾いているようだ。ゆえに解釈はしない。だが、子供たちが無意識に、遊びというものの持つ異界性をわかっているのは間違いない。

大人たちが彼らの遊びに参加することは少ないが、子供らがどういうときにどういう場所で、どんな遊びを選択するのか、注意を払うのは悪くなかろう。

子供の遊びは情動に任せ、魂に宿った神や魔物を発現させる行為が多い。

ゆえに原始的な呪術や招魂儀礼《しょうこんぎれい》の面影が感じ取れるわけなのだが、大人の遊技がマジナイと無縁かというとそうでもない。

古の大人たちの遊びは、もっと呪術に能動的だった。

その代表が、囲碁《いご》と双六《すごろく》だ。

まずは、囲碁について見てみよう。

囲碁は中国発祥で、陰陽道に基づいているため、説明はかなり煩雑《はんざつ》になる。しかし、興味のある方もいると思うので、やや丁寧に記しておこう。

囲碁は遊具である以前、「日《ひ》置盤《おきばん》」と呼ばれる暦を表す道具だった。

歴史的には、現在の十九路盤《ろばん》の前に十七路盤があるのだが、十七路盤は紀元前までででほぼ絶えている。そう、囲碁はなんと紀元前から存在していたのである。

その十七路盤を改善し、より深い意味を持たせたのが、十九路盤だ。

十九路盤は縦横各々十九の線が引かれた碁盤で、碁石を置く線の交差点は十九×十九＝三百六十一点存在する。

この数字、囲碁においては、一と三百六十に分けられる。

つまり、盤の中央にある点＝「天元《てんげん》」を宇宙の根源、太極《たいきょく》と見なして一を取り、残りを三百六十とするのだ。

古代中国において、ひとつの季節は九十日、三百六十は一年を表した。

北極星の周辺をすべての星が巡るごとくに、その三百六十点は天元の周囲を移動する。古の中国人たちは、これを移り変わる四季と見なした。

また、三百六十という数は「周天《しゅうてん》」即ち円の度数、三百六十度にも等しいものだ。

それを記した盤の外周は、十九路×四＝七十六。交わる点が四隅あるので、四を引いて七十二路となる。

七十二路は、暦における七十二候に相当する。

七十二候とは「立春《りっしゅん》」や「冬至《とうじ》」などの二十四《にじゅうし》節気《せっき》を更に区切って、時候の変化、季節の移り変わりを表したもの。

日本で最も知られているのは、植物の名でもある「半夏生《はんげしょう》」だ。

また、七十二候は、一年を五日毎に区切ったものでもある。ゆえに外周七十二路は、七十二×五日＝三百六十日。古暦における一年の日数と、これまた等しくなっている。

まさに、碁盤は暦の道具。

加えて、宇宙そのものを凝縮した道具でもある。

なぜなら、これら時を刻した碁盤は、大いなる大地をも表しているからだ。

中国では「天円地《てんえんち》方《ほう》」と言い、天は丸く、地は四角いものとされていた。

そして、天は動き回る動であり、地は動かない静とみなされた。天動説的な考え方だ。それに則り、碁盤は四角く、その上を動く碁石は丸い、というわけだ。

その天である碁石の黒白は陰陽を表し、石の数は白が百八十、黒が百八十一で、その合計は三百六十一となり、またも一年＋天元の数になる。

つまり、碁盤は大地。碁石はその上を移ろう星と時間。マジナイ的に言うならば、宇宙と時間そのものなのだ。

碁盤の宇宙性を意識した行事が、日本の皇室には残っている。

一般の七五三にあたる「深曾木《ふかそぎ》の儀《ぎ》」というのが、それだ。

深曾木の儀は男子が五歳のとき、右手に扇、左手に山橘《やまたちばな》を持って碁盤から南の方角へ飛び降りるといった儀式だ。

これはまさに碁盤という宇宙から、人間界の住む大地に降りる神の様を表している。

皇室は神話にある天孫降臨《てんそんこうりん》を、碁盤を用いて模しているのだ。

また、囲碁の発祥地・中国にはこういう話が残っている。

——ある日、樵《きこり》が山に行くと、数人の童子が歌いながら碁を打っていた。

樵は暫くそれを見物していたが、童子に言われて、気がつくと斧の柄（柯《え》）がぼろぼろに爛《ただ》れていた。

そして山から里に帰ると、何百年もの時が経っており、知っている人は誰もいなくなっていた……。

囲碁の別名である「爛柯《らんか》」の由来になった話だ。

一般的には、時を忘れさせるほど囲碁は楽しいと解釈されるが、物語の真実は別にある。

人ならぬ子供らが宇宙の雛形である碁盤の上で、黒白即ち陰陽を操る遊技は、暦を操るマジナイに等しい。

ゆえに、それを見続けた樵は、人間世界の時間枠から外れてしまったのである。

実際、古い囲碁の棋譜には、勝敗とは関係なく、宇宙の調和を表すための打ち方というのが残っている。これをもう一歩進めれば、宇宙を操る打ち方となる。

その意識を持って石を置くならば、囲碁は占いにも呪術にも優秀なアイテムとなる。

双六もまた囲碁と同様、暦・宇宙を模した遊具のひとつだ。

回りくどくなって恐縮だが、ここで双六についても説明しておこう。

私たちが今、双六と言ったときに想像するのは、いわゆる絵双六というものだ。だが、元々の双六は、バックギャモンに近く、賭博性を持つものだった。現在では、便宜上、こちらを盤双六と呼んでいる。

盤双六は、十二の枡目が二列に並んだ盤面に、黒白各十五個ずつの駒を二個の賽子《さいころ》を使って進める遊技だ。

盤は長方形、駒は丸い。

ここまで記せばもう、囲碁で語った「宇宙」の小型版が、盤双六であることが理解されるに違いない。

十二ヶ月と、それを倍にした二十四節気。黒白各十五個の駒は陰陽であり、総数三十はひと月の日数となる。

かつて、宮中では出産の際に双六を行い、占いに用いたと伝わっている。

また、陰陽師としても名の挙がる遣唐使《けんとうし》・吉備真備《きびのまきび》は、双六の盤上に賽《さい》を置いて筒で隠して、唐の日月を封じたという。

碁盤以上に、双六はそういう意味で〝使える〟道具だ。

大体、賭博性を持った遊びは、マジナイ——特に占いの道具として、優れている。

台湾などの中国文化圏では、葬式の後、親族たちが麻雀を行う。

麻雀もまた、易学的な理論でできているのだが、くどくなるので割愛したい。少しでも易の知識があれば、その理屈は麻雀牌から容易に推し量れるものだ。

それを用いて、葬儀の後に麻雀を行い、彼らは故人や先祖の加護が誰に〝憑いている〟かを占うのである。

そう。「ツキがある」「ついている」の言葉は、まさにこのことを指している。憑くからこそ、運は上がるのだ。

ちなみに、加護の有無を占う賭博は、麻雀に限ったことではない。パチンコでも競馬でもいい。葬式のあと、そういう場所に直行し、運試しをしてみるといい。

罰当たりな行為かもしれないが、その明暗は確実に出る。試した私が言うのだから、これは間違いないことだ。

息を呑むような大当たりが来れば、先祖に感謝しよう。逆に大敗を喫《きっ》してしまったら、まさに〝憑いて〟いないのだ。

その場合は、先祖や故人に対して非礼がなかったかどうか、ちょっと考えてみるといい。

やや話がずれてしまったが、遊びもまた、呪術と無縁でないことは理解して頂けたと思う。

特に古くから伝わる遊技には、マジナイやノロイの気配がある。

それを意識し、疎《おろそ》かにせず、遊びの中から滲み出る常ならぬ気配を察知しよう。
もしかすると、遊技の陰に未来が見えるかもしれない。
あるいは、子供の笑声の狭間に、モノノケを見ることもできるかもしれない。

芸

商店街を歩いたり、どこかの店に入ると必ず何かしらの音楽が掛かっているのが現在だ。

だが、元々、音楽というのは非日常のものであり、楽器はシャーマンの持ち物だった。楽器と楽の音によって、我々は神と交流したのだ。

もっとも、今、楽器を見ても、そういった呪術的な面影を見出すことは難しい。しかし、本来、音楽と音楽を伴う芸能は皆、一般人の手に負えないほどの呪術的なものだったのだ。

世界最古の音楽芸術と言われる雅楽《ががく》には、その面影が濃厚に残っている。

雅楽というのは、上代から伝わる日本固有の音楽と、中国、朝鮮半島、ベトナムなどから伝来した古代の芸能が基となり、日本で成立したものだ。

今の形に整ったのは、平安時代中期とされる。

大本のアジア諸国では、伝来当時の芸能はとっくに廃絶してしまっている。そのため、雅楽は世界最古の音を伝えるとされるのだ。

用いる楽器は、笙《しょう》・篳篥《ひちりき》・龍笛《りゅうてき》の管楽器と、琵琶《びわ》・箏《そう》の弦楽器、そして、太鼓・羯《かっ》鼓《こ》・鉦鼓《しょうこ》の打楽器だ。

三管と呼ばれる笙・篳篥・龍笛は、雅楽における音楽の中心的役割を果たしているが、この音色にはそれぞれ意味がある。

即ち、笙は天界の音色、篳篥は大地・人の声、龍笛の音色は天地を行き来する龍の声とされており、そのため、龍笛の音は天地を繋げる空《くう》の音色と見なされる。

その三管を合奏することは、宇宙を表現することだ。

ゆえに、それらの楽器によって奏でられる「調子」もまた、宇宙の法則＝陰陽五行に則っている。

双《そう》調《じょう》　春・東方・木音・青色
黄鐘調《おうしきちょう》　夏・南方・火音・赤色
平《ひょう》調《じょう》　秋・西方・金音・白色
盤渉調《ばんしきちょう》　冬・北方・水音・黒色
壱越調《いちこつちょう》　土用・中央・土音・黄色・若紫色

そこに「太食調《たいしきちょう》」を加えて、雅楽は六つの調子を持つ。

太食調が加わった理由は、陰陽のバランスを取るためだが、煩雑なので理屈は割愛しておきたい。ともかく、雅楽はこれらを基に、季節や儀礼に相応しい曲を選んで演奏する。

陰陽五行に則ることは、囲碁や双六と同様だ。

陰陽道は万物すべてを五行の中に配当する。箸でも、靴でも、人も動物も五行の中では区別なく、すべてが五つに分類される。

その中、能動的に陰陽を操る道具がいくつかある。それが前項にて記した遊具であり、雅楽の楽器、曲なのだ。

指揮者がいないことも、雅楽の特徴だ。

そのため、演奏者たちはほかの楽器に精通することはもちろん、皆と息を合わせること——真の意味での調和を重んじることが重要となる。

「個」ではなく、「和」によって成立するのが雅楽だ。そして、その「和」こそが、天地人の整った宇宙・世界を創造する。

雅楽には楽器のみの「管絃」、舞を合わせた「舞楽《ぶがく》」、楽器と声楽の「歌謡」という、三つの演奏形態がある。

それぞれ興味は尽きないが、すべてを取り上げるのは無理なので、ここでは舞楽の中からマジナイ・ノロイに関わる演目をふたつ紹介したい。

まずは『陪臚《ばいろ》』だ。

雅楽は聖徳太子《しょうとくたいし》によって積極的に取り入れられたとされているため、太子や、ゆかりの四天王寺《してんのうじ》、仏教と深い縁を持つ。

『陪臚』は天竺《てんじく》（現インド）の音楽を基にしているとされる。だが、それよりも、この曲は聖徳太子自身と所縁《ゆかり》が深い。

逸話として有名なのは、太子が物部守屋《もののべのもりや》軍と戦ったとき、出陣の際に『陪臚』を奏したということ。そして、それによって勝利を得たといった話だ。

伝説には、出陣の日に『陪臚』を七たび演奏し、そのとき「舎毛音《しゃもうのこえ》」が聞こえれば勝ち、ないときは負けるとある。

その伝説を受けて、八幡太郎《はちまんたろう》源義家《みなもとのよしいえ》は出陣のたびに『陪臚』を演奏させたという。

「舎毛音」は、仏が神通力を施す際、眉間の白毫《びゃくごう》より光明を放ったときに鳴る微細な音（毫音《ごうおん》）を指すという。

一体、どんな音なのか。

現実的に考えるなら、一種の共振・共鳴現象と言えるだろう。

それが耳に届くという状態は、音が調和して、またそこに、人が調和しているという証拠になる。

戦の前に動揺なく、皆の息が合うならば、確かにその軍は強いだろう。調和があるから、霊妙な音が聞こえ、また、その調和が勝利を導くのだ。

呪術的な音楽には、この「和」が何より重要となる。

とはいえ、これが薄っぺらい同調や平和主義ではないことは、申し添えておきたいと思う。

もうひとつ。

舞楽にはマジナイではなく、ノロイの曲がある。

『採桑老《さいそうろう》』だ。

舞楽というのは基本的にストーリー性が希薄なのだが、『採桑老』は不老不死の桑葉を求めてさまよう人が、老いゆく姿を表した曲とされている。

それだけでも辛気《しんき》くさいが、何よりも恐ろしいのは、『採桑老』を舞うと三年もしくは数年以内に死ぬと言われていることだ。

このノロイに関する伝説は、以前、テレビでも取り上げられたので、ご存じの方もいるだろう。真偽はともかく、不気味な舞だ。

『採桑老』は舞台からして、普通の舞楽とは異なっている。舞い手は介添えをつけて舞台に上がる。

主役は死を目前にしたひとりの老人だ。それゆえに、舞い手は老人として振る舞うわけだ。こういう演出は『採桑老』以外では見当たらない。

つまり、曲が始まる前から、舞い手は老人として振る舞うわけだ。こういう演出は『採桑老』以外では見当たらない。

衣装はほぼ白装束で、鳩杖という杖を持つ。そして、落ちくぼんだ目、皺だらけの肌、不揃いな歯という老人の様を写した面を着ける。

曲調は「盤渉調」。すべてが枯れ果てる冬の調子だ。

一般的な舞楽のほとんどは、華やかな衣装に、神仏、武人などを主役としためでたい内容となっているのだが、『採桑老』はまったく違う。すべてが陰気臭い上、舞の途中で詠じられる詩がまた、すごい。

「三十情方盛　四十気力微　五十至衰老　六十行歩宜　七十杖項栄　八十座魏々　九十得重病　百歳死無疑」

——三十歳は勢い盛んだが、四十は気力が減少する。

五十は衰えて老いの境に至る。

六十はまだ歩けるが、七十では杖がないと立てない。

八十には座ったままとなり、九十には重い病を得、百で死ぬことは疑いない……。

正直、ひどい内容だ。そのため、九十と百の箇所は、不吉として詠わないのが慣例となっているらしい。

もっとも、九十、百まで生きれば、充分、長寿といえるだろう。ゆえに、これは長命を言祝《ことほ》ぐ詩であって、不吉ではないと解釈する向きもある。

しかし、実際、この詩は忌まれ、舞も封印されてきた。

舞い手が死ぬとされた理由には、この舞を伝承する多家《おおのけ》にて、過去、『採桑老』を舞台に掛けたのち、殺害された人があったため、不吉と見なされたという説がある。

しかし、近年でも、舞った後に間を置かず、亡くなった方もいると聞く。そんないわくがあるために、『採桑老』は廃絶したのだが……。

二〇〇七年。

復曲された『採桑老』が、舞台に掛けられた。

そして、そのとき演じた舞人は四年後に病を得て亡くなった。

やはり――と言ってもいいのだが、享年八十一ということなので、天寿を全うしたとしてもいいだろう。

実際、『採桑老』の記録を見ると、高齢の方が舞っている場合が少なくない。不吉とされたため、高齢者が最後に挑む曲となったのかもしれない。

また、ネットの情報では、現在は若手でも舞う人がおり、その方々が亡くなったという話はないということだ。

但し、今の『採桑老』は、残っている楽譜を基に復曲したものである。

一九九〇年に発行された『雅楽のデザイン　王朝装束《しょうぞく》の美意識』（多忠麿《おおのただまろ》編　小学館）には「この舞を舞うと必ず死亡するという迷信があり、現在では、舞う人がなく、伝承されていない。」とある。

復曲したのは、そのあとだ。

復曲というのは、残った手掛かりから、こうであろうという想像を重ねて作られるものだ。ゆえに、廃絶以前の『採桑老』と現代のものとでは何か、どこかが決定的に変わっているのかもしれない。

それはともかく、不思議なのは、どうして、このような曲が千年以上もの間、伝えられてきたのかということだ。

舞楽には、これ以外にも『林歌《りんが》』『埴破《はんなり》』など、由来や意味が失われたまま続いている曲がある。

やはり、千年という時は長い。これら以外にも失われたものは多いだろう。

繰り返しになるが、元々音楽は呪術であり、舞もまた神のものだった。舞楽の手の動きや指の向け方は、気功の経絡《けいらく》に添っているという話もある。

ゆえに、意味もわからず続いていく曲や舞にも、その形や音曲《おんぎょく》を続けていくことで、知らず、何かの作用が働いているのかもしれない。

「萬歳《まんざい》」は舞楽から派生した芸能だ。

ちなみに、ここで取り上げるのは、伝統芸能としての萬歳であり、今、テレビで視る「漫才」とは別のものだ。

過去、萬歳を舞う芸人たちは、主に正月、各家を回って祝福の歌と舞を舞った。

萬歳という名は「千秋萬歳《せんしゅうばんぜい》」——千の秋と万の歳を迎えるほど長寿であるようにという、祝言を唱えて歩いたためについたものという。

この萬歳師たちは、発生当時、舞楽の装束を真似ていた。

雅楽にも長久を祝うめでたい曲として『千秋楽《せんしゅうらく》』、舞を伴う『万歳楽《まんざいらく》』がある。それらを基に、能や歌舞伎の要素を取り入れたのが萬歳だ。

彼らに限らず、芸能に携わる人々は自身が神に近いものとされてきた。特に萬歳や獅子舞など、門付けをして回る芸人たちは、新年に福を授ける神、即ち歳神と同等であると解釈された。

芸能者そのものに神が宿り、彼らが歌い舞う吉《よ》き事は、神からの託宣とされたのだ。人形まわしの傀儡《くぐつ》、猿回しなども、そういった能力を持つ者だった。

傀儡については、第二章にて取り上げる。彼らはまだ、呪術を保持している。しかし、猿回しのほうは生憎《あいにく》、今の芸能から呪術性を感じることは難しい。

もうひとつ、呪術的な芸能として忘れてはならないものに能楽がある。

著名な『葵上《あおいのうえ》』はじめ、能には亡霊や怨霊を扱った演目が数多くある。それらの演目の多くは、何かの理由で留まった霊魂が僧侶などに訴え掛け、成仏を願うという筋だ。

　これは鎮魂・供養の模擬だ。

　そして、能は神に捧げる芸能でもある。

能舞台には、背後に必ず「鏡の松」という絵が描かれている。この松の絵が「鏡の松」と呼ばれることには理由がある。

　本来、松は観客のほう、つまり演者の前にあるものだった。

松は、神の宿る霊木だ。そこに降りた神や心霊に見せるため、能は演じられてきたのである。

だが、それでは観客に不便なため、松はやがて舞台の後ろに退いた。

そして「鏡の松」と称することで、本当は演者の前面に松があるのだ、背後の松は鏡に映っているのだ、と、意思表示をしたのである。

神事の名残を持つ能は、陰陽道とも関わりを持つ。

陰陽道には反閇《へんばい》という、独特の歩き方をする呪法がある。その歩行法が『弱法師《よろぼし》』という演目に残っているという。

実際、陰陽師の反閇は速いスピードで行われるので、能の動きとは異なる。が、そういう話がまことしやかに伝わる素地を能という芸能は持っているのだ。

『翁《おきな》』という演目は、能の中、一番、格の高いものだ。

主に新年、全国の神社で舞われるが、冒頭に歌われる「神歌」は謎に満ちた呪文である。

とうとうたらり　たらりら
たらりあがり　ららりとう
ちりやたらり　たらりら
たらりあがり　ららりとう

この言葉の意味は、世阿弥《ぜあみ》の時代、既に失われていたというほど古い。

無論、『翁』自体も古く、それゆえに最も神事に近い。

筋書きもないこの能は、「能にして能にあらず」と言われるのだが、神事としての能の根本は、この『翁』にこそ残っている。

舞楽と能におけるひとつの共通点は、面を着ける演目が多いということだ。

面は神や霊を象《かたど》る。ゆえに、我々は面そのものが神であるとも考えてきた。

面自体をご神体とする神社もある。各地に残る神楽でも、面は神として扱われる。そして、面を着けた人々は神そのものとされるのだ。

パーントゥ、ポゼ、アカマタ・クロマタ……沖縄の島々では、仮面を着け、神となった人々が時節時節に人の世界を訪問する。

それらは萬歳師同様に、異界から訪れる神である。仮面劇である能も、ある意味、神懸かりの芸能なのだ。

もちろん、音楽や舞を伴う芸能と、神・呪術との関係は、日本のみのものではない。

イスラム教の神秘主義哲学であるスーフィズムには、白い服を身につけて、旋回する「回旋舞踏」というものがある。

これは神との一体化を求めるための修行の一種。つまり、舞踏によって、トランスを呼び込む方法だ。

踊ることが、トランスに入る一手段であることを、スーフィズムは明確に示している。

また、イタリアに伝わるタランティスモは、音楽に乗って参加者をトランス状態に導き、憑きものを落とす。

タランティスモで表面化させるのは神ではなく魔物だが、音楽と舞踏、このふたつが異界との交流手段であることは、ほかの芸能と同様だ。

この力を逆に恐れて、キリスト教の一派であるカルヴァン派は、人を堕落させるものとして、一時期、音楽を禁止した。多分、情動によって、理性から逸脱することを恐れたのだろう。

確かに、音楽には、心を平静に保たせない何かがある。

楽しい曲を聴けば楽しくなり、悲しい曲を聴けば悲しくなる。我々は旋律そのものに、一定の物語や感情を喚起する。そこに視覚を刺激する舞踏が加われば尚更だ。別世界に行くのは容易《たやす》い。

だが、今のように、音が溢れている時代、音楽芸能の持つ凄みを実感するのは難しい。

たとえば、雨の音。

我々が普段認識している「雨の音」という音は、雨粒が何かに当たって、その物体が立てる音でしかない。雨そのものの音を、我々は決して聞くことがかなわないのだ。

そういうことに気づかなければ、音は呪術として活きてこない。

音の基本は、ふたつのものを打ち合わせること、あるいは空気に触れさせることから始まる。

ガラス、石、布、糸、肉体。皆、それぞれの音を持ち、打ち合わせる相手によっても、異なった音を現出させる。

弦楽器は、弦とその張り方、振動の強弱で音を変える。管楽器は、空いている空間と息の強弱で変わる。打楽器は言うまでもない。

素材が接触することで、楽器は鳴る。空気の動き、人の動きが音を作るのだ。

だから、水は静止しているときは音を出さない。

音があるということは、動きと接触があることだ。何者かとの接触が音を連れてくるから、「音連れ」となる。

人為的な音のない世界は、自然という神のものだ。そこに能動的に介入し、神の何かを喚起させるのが人の創った音楽だ。

普通の会話とは違う声を出すのが歌だ。その瞬間、我々の肉体は神を呼ぶ楽器と変化する。

異形の姿となって、日常を切り崩すのが芸能だ。

そして、通常・日常の動きとは異なる動きをして、非日常を持ち込むのがダンスである。

すべての芸能は「異常」「非日常」でできている。もし、そのことを忘れているなら、今すぐ思い出すべきだ。

そうすれば、今が如何に異常であり、神仏との交感が難しいかがわかるだろう。

芸能と音楽の本当の力を知りたいのなら、まずは沈黙に身を浸すこと。そして、その沈黙を、自ら声を出し、破り、日常と異なる動作によって「異常」な空間を作り出そう。

それらが周囲と調和したとき——完全に息が「和」したとき、ナニモノかがきっと、あなたの許を「音連れ」てくれるに違いない。

第二章　古来のお咒い

大工

人の身体、動作のすべてに霊的な意味が存在し、作り出された物品にも魂が宿るというのなら、作り手である職人たちには相応の力があるであろうし、作り出す品々との霊的な駆け引きもあるに違いない。

実際、伝統的な職業の多くには、伝説やしきたり・禁忌《きんき》・験担《げんかつ》ぎが存在する。

中でも衣食住に関する職業の成立は古代にまで遡《さかのぼ》るため、マジナイも数多い。

第二章のはじめにまず、住に関する職人、即ち「大工」を取り上げてみたい。

日本における最古の大工集団は、西暦五七八年に成立した金剛組《こんごうぐみ》だと言われている。

資料に依《よ》ると、金剛組初代・金剛重光《しげみつ》は、聖徳太子の命を受けて百済《くだら》より至り、日本最初の官寺である四天王寺の建立に携わった。

以来、金剛組は宮大工《みやだいく》として様々な社寺の造営、修理を手掛けつつ、現在まで続いている。

今年（二〇一七）で創業一四三九年。にわかには信じられない数字だ。

寺院建築の技術は当然、仏教と共に必要とされて伝来した。一方、神社建築は、元々古代日本における上流階級の住居を模したもの。だが、現実の住まいの形が変わるにつれて、神社建築にも専門的な技術が必要となったため、いつしか、寺も神社も宮大工と呼ばれる人々が建てるようになっていった。

　そのため、宮大工は江戸時代には寺社奉行《じしゃぶぎょう》の管轄下に置かれた。それ以外の建築を手掛ける人たちは、町奉行《まちぶぎょう》の管轄で、町大工または家屋大工と呼ばれた。特殊な技術を必要とするものとして、別に船大工があり、こちらは文字通り造船に携わる。

　しかし、この三つは皆、厳密に分かれているわけではなかった。

　一般住居と寺社建築を兼ねる大工は少なくなかったし、主に木造船が用いられていた時代には、町大工と船大工を兼ねる職人たちもいた。

　実際、伊勢《いせ》神宮《じんぐう》の式年遷宮《しきねんせんぐう》における宇治橋《うじばし》修造に携わるのは、延べ約九千人の宮（橋）大工と船大工だ。船大工が持つ技術を橋板に用いることにより、橋の耐久性を高めているのだ。

　遷宮行事のほとんどは建築に関係するものだ。そして、その中のひとつとして神事と無関係のものはない。

　無論、神宮は顕著な例だが、建築と神事、マジナイは切っても切れない関係にある。そして、その関係は社寺に限ったことでもない。

すべての建物は大地の一部を神より借り受けて建つものであり、素材となる木は山の神の所有物であり、木には木霊《こだま》が宿っている。

それらの許可を得て建てられる「箱」は、家族や一族の生老病死、すべてを囲って守る場となる。

かくも重要な「家」という場を、なんの手当てもしないままでいられるほどに、日本人は剛胆ではない。家の運命はある意味、家族の運命だ。

その家の吉凶を左右するのが大工の仕事だ。

ゆえに、彼らは「大いなる工《たくみ》」と呼ばれたのである。

日本における建築は、神職・僧侶と大工との共同作業であるとも言えよう。

ひとつの建物が完成するまでには、いくつもの儀式が存在する。即ち、地《じ》鎮《ちん》祭《さい》・定《てい》礎《そ》式《しき》・柱立て（建て）・上棟式《じょうとうしき》・竣工式《しゅんこうしき》。厳密には定礎式と柱立ての間に、木造りを始める儀式（手斧《ちょうな》始め）と、加工した木材を清める儀式が入るのだが、今は大きな社寺建築以外ではほとんど行われていない。

定礎式は文字通り、建物の土台となる礎石を定め、建物の安泰を祈る儀式だ。現在、一般家屋にて行われることはない。しかし、その名残は残っている。

ビルの玄関近くに嵌《は》め込まれた「定礎」という石板がそれだ。

本来の定礎式は、建物の礎石を据えるときに行われるが、ビルの場合は建物がほぼ完成したときに行われる。

多くは建物の南東隅に、定礎石と呼ばれる石板を嵌め、内側には定礎箱を置く。箱の中には住所や建築主・施工者等の記録、建築図面、当日の新聞や通貨、氏神様のお札などが入れられている。

近代的なビルであっても、いや、大規模建築であればあるほど、人は縁起を担ぐのだ。

一般的な家屋で行われるのは、地鎮祭・上棟式・竣工式だ。

諸行事には神式と仏式があるが、多く行われるのが神式だ。

地鎮祭は地域を管轄する氏神に土地の借用を乞うと共に、工事の無事、建物の無事を祈願する。また、その土地に災いを為すモノがいた場合は、それらを祓い鎮める儀式でもある。

詳細は略すが、おおまかな流れは神社で行う祈禱と同じと言っていい。その中、地鎮祭ならではの儀式が「鍬《くわ》入れの儀」だ。

「鍬入れの儀」では、浄められた斎庭《ゆにわ》（敷地）に盛られた円錐形の立砂《たてずな》（盛砂）に、設計担当者は鎌で草刈り、施主は鍬入れ、工務店代表者は鋤《すき》入れの所作を行っていく。

これは模擬を滞りなく行うことで、本番の工事もうまく行くという、いわゆる「予《よ》祝《しゅく》」だ。その後、参列者が玉串《たまぐし》を奉り、お招きした神様をお送りして、御神酒《おみき》を頂き、地鎮祭は終了となる。

一方、仏式では呼び名も変わり、起工式・地《じ》鎮法《ちんほう》・鎮宅法《ちんたくのほう》・地《ち》堅《がた》めの法などという。祈る内容はほぼ同じだが、対象は不動明王《ふどうみょうおう》などであり、玉串奉奠《ほうてん》はなく、焼香《しょうこう》台などが調えられる。

神式仏式問わず、その際、土地を鎮めるために、何かを埋めることもある。

これは一般家庭ではあまり行われない行為だが、神社建築の場合は、水晶や隕石、五色の布、古銭など。寺院建築では、水晶のほか、瓶に入れた七宝を壇の中央に埋め、上に平らな石を置くという。

上棟式は建物の枠組みが完成したとき、柱立てと棟上げを祝い、神に祈る行事。そして、完成した暁に行うのが竣工式だ。

今はあまり行われないが、上棟式のときには、建設中の屋根などから餅や小銭を撒く「餅まき」が行われる。

近所の人や子供にとっては楽しみのひとつでもあるが、これは本来、災いを祓うための行為だ。拾った側にとっては福となる――人に物を与える（奢《おご》る）行為は、典型的な祓いのひとつだ。与えられた側には福となるのが、この手の祓いの特徴でもある。もうひとつ。上棟式において、餅まき以上に大切なのが、棟木に取りつける飾りもの＝呪物だ。そのバリエーションは数多い。

『木霊論　家・船・橋の民俗』（神野《かみの》善治《よしはる》　白水社）によると、扇・弓矢・棟札・人形・鏡・櫛・口紅・かもじなど、様々なものが地方地方で組み合わせられて使われている。

　女性の持ち物が多い理由は、大工に伝わる「女人犠牲譚《にょにんぎせいたん》」にあるとされている。即ち――建築の不備を女房の機転で切り抜けた棟梁は、女の知恵を借りたことを恥じ、他言を恐れて妻を殺す。その償いのため、上棟式で女性を祀る、というものだ。知恵を授けて殺されたのでは、妻もたまったものではないが、当該の建築以外にも、女の持ち物を飾る理由は、はっきりとはわかっていない。

　女の持ち物に限らず、棟木に取りつける物はすべて、呪力があるとされる道具だ。その力を期待したのか。あるいは家の神は女神であって、櫛や鏡をその神への供物として用いた可能性もある。

　上棟式の飾りもの以外にも、屋根の上には様々な呪物が置かれる。

京都の桂離宮《かつらりきゅう》では、解体修理の際、天井裏から鯰《なまず》と鼬《いたち》のミイラが発見されている。鼬は入り込んでしまったものかもしれないが、鯰は地震除けか火伏《ひぶせ》だろう。桂離宮が造られた当時はまだ、官人としての陰陽師がいた。そういう人の指導によって、考え及ばぬ理由のためにミイラは置かれたのかもしれない。佐賀県伊万里《いまり》市にある「松浦一酒造《まつうらいちしゅぞう》」の母屋では、屋根の梁《はり》に河童《かっぱ》のミイラが括り付けられていた。これは「河伯」と記された木箱に入っていたという。

こちらこそ、水の神ということで火伏に用いられたのだろう（ちなみに、このミイラの真偽は不明のままだ）。

『木霊論 家・船・橋の民俗』によると、棟木に縛りつけられたり、箱に入れられたりした藁人形や、紙の人形《ひとがた》が、全国各地で見つかっている。

これらは確実に呪物とされるが、用途は不明。上棟式の際に置かれたとも断言できない。

ただ、一般の飾りものの中にも、人形はリストに挙がっている。いわゆるノロイの藁人形ではないとしたら、用途は一体、なんなのか。

——人柱ではないか、と、私は疑う。埴輪《はにわ》は、古墳の殉死者の代わりに作られた。ならば、柱に縛る人形も、生身の人柱の代わりにならないか。

人柱という感覚は、現代でも生きている。

以前、身近で、こういうことがあった。

とある一軒の家が建て直しをした。付近は小さな家や町工場が入り組んだ典型的な下町だ。その一角に建った家は本格的な日本家屋で、狭い地所にもかかわらず、瓦塀まで巡らせていた。確かに造りは立派だったが、土地には不釣り合いな建物だ。

その完成から一年近く経った頃、家の主人が頓死《とんし》した。

「分不相応な家を建てると、家人が人柱に取られるんですってね」

近所の人たちは囁いた。

——言葉の半分はやっかみだろう。が、この台詞は示唆に富んでいる。

即ち、建造物には相応の魂が宿り、保持するためには相応の対価が必要であること。

そして、釣り合いが取れないときは、対価は命で支払わねばならない、ということだ。

そのバランスを予め調整するために、人形は屋根裏に上げられたのではなかろうか。

もっとも、人柱は埋めるものなので、辻褄は合わないかもしれない。しかし、棟梁に殺された妻の話は、建物を完成させるための犠牲という意味では人柱と同じだ。その供物が屋根裏に供えられるなら、人柱の雛形もまた、屋根裏にあっても不思議ではない。

　家屋に潜む人形は、ノロイに使われる場合もある。

　『修訂　中国の呪法』（澤田《さわだ》瑞穂《みずほ》　平河出版社）には、建築の際に、大工や左官が仕掛ける呪術――ノロイの事例が数多く記されている。一例を記そう。

「崑山（江蘇）の李左君の邸宅は広大で、かつて職人を雇って塀や門の修理をさせたが、待遇が悪かったため、職人がまじないをしたが、誰も気がつかなかった。〈中略〉その後、毎年のように家人が病む。祈禱して病気が治ったかと思うと、また病む。〈中略〉のち塀が崩れた。見ると、塀の内側に緑衣の一判官が画かれてあり、傍には小鬼が鉄索を持ち、片足は跪き片手は内側を指し、傍には『妙訣』の二字を楷書で書いてあった。これを削り去ってから平穏になった。」

話に出てくる緑衣の判官は冥府の審判官。小鬼は鬼卒で、人間の霊魂を拘引《こういん》するから病気になる。（本文注より）

　これらへの対抗手段は、呪物を焼くこと。職人たちが呪詛の文言を唱える前に阻止して、祝言に替えることという。

　事例の中には、施主の不首尾の記述がなく、単に性格の悪い職人が施主をノロウものもある。こうなると、建築現場は戦々恐々としたものになる。

幸いにして、日本ではここまでの話は聞かない。が、大工を馬鹿にしたために逆さ柱を立てられて、家に怪事が起こったという話はある。また、職人を疎《おろそ》かに扱うと、手抜き工事をされるといった噂は、今でも耳にする。

現在でも、施主が建築現場に足を運んで職人たちに茶菓子を出すのは、彼らを労《ねぎら》うことで、より良い家を建てたいという気持ちと同時に、始末の悪いことをしていないか、仕事を確認するためでもある。

「きちんと金を払っているのに、接待なんて必要ない」

そういう人も結構いるが、建物の良し悪しは大工の匙《さじ》加減ひとつで決まる。無精がのちのちツケとなって返る場合もあるので、注意したい。

住む家は人の運を左右する。それを建てる大工もまた、人の運命を左右する。木を削って組むことで、運命を司《つかさど》れるというのはつまり、彼らが木を用いた呪術に長《た》けているという証拠でもある。

大工の使う道具もまた、当然、マジカルな力を持つ。

斧は古くは「ヨキ」と呼ばれ、吉事を呼び込む道具であり、特に戦勝を導くとされた。また、魔を打ち砕く道具ともいわれ、修験者たちは現実的な藪を払うと共に、山に棲む魔を退けるために斧を用意する。

槌は「打ち出の小槌」でお馴染みのとおり、福を招く道具とされる。

大黒天は槌を持った姿で描かれているが、この槌は大地から財宝を生じるものとされている。

しかし、大黒天の元々の名はマハーカーラ——「大いなる死」という意味だ。大工道具もまたどこか、怖い一面を持っている。

仏教で言う八大地獄のひとつに、黒縄《こくじょう》地獄というものがある。殺生と盗みを働いた者が堕ちる地獄だが、「黒縄」とは大工道具の「墨壺」のことだ。

本来の墨壺は墨を染ませた糸で材木に印をつける道具だが、地獄では刑罰のひとつに用いる。

獄卒は熱した鉄の地面に罪人を倒して、熱く焼けた黒縄で体に線を引く。そして、やはり熱した鉄の斧や鋸で線のとおりに体を切って、裂いて削るのだ。

地獄絵図を見ると、黒縄を使っている鬼の傍らには、同じく大工道具である曲尺《かねじゃく》を持つ鬼がいる。また、別の場面では、手斧を持った鬼の姿も描かれている。

鬼が大工道具を用いているのか、大工自体が鬼なのか。なぜ、こんな地獄ができたのか。

　はっきりとした理由は知らないが、地獄の概念は中国にて道教と結びつき、今の形に整った。先に記したエピソードにしろ、古代中国の人々は、大工に何か恐ろしい影を見ていたのかもしれない。

　実際、日本の大工に地獄は似合わない。

　聖徳太子が招き、寺社建築に携わったせいなのか、同じ異人でも、日本の大工は「聖」のイメージのほうが強い。

　それに照らし合わせると、機嫌を損ねると怖いという印象や、現場での施主のもてなしも、魔物というより神に対する態度のように思えてくる。

　中でも、宮大工に畏敬の念を抱く人は数多い。

　理由のひとつは、彼らが日本の伝統技術を守り、伝えていることにある。そして、もうひとつはやはり、神仏の「家」を造るということにある。

　家は人生の拠り所だ。その堅牢《けんろう》を得たいがために、我々は神仏に祈るわけだ。その神仏の家を造るというのは、我々の拠り所そのものを守り鎮めて荘厳《しょうごん》し、個々の家、地域、ひいては国を安寧《あんねい》に導く作業となる。

　大きく言えば、宮大工は国の守りに関わっているのだ。

平成二十六年、私は縁を得て、埼玉《さいたま》県東松山《ひがしまつやま》市にある箭弓稲荷《やきゅういなり》神社を訪れた。ちょうど、そのとき、県指定有形文化財である社殿の保存修理が行われていたからだ。

棟梁は飯田《いいだ》英夫《ひでお》氏。氏は、文化財建造物木工技能者資格を持つ熟練の宮大工だ。号を「飯田《いいだ》和泉《いずみ》」という。

棟梁の先祖は久能山東照宮《くのうざんとうしょうぐう》五重塔改修にて功を成し、和泉守《いずみのかみ》を賜った。生憎、塔は現存しないが、徳川家より拝領した漆塗の文箱《ふばこ》には、葵御紋《あおいのごもん》と共に「飯田和泉」の名が記されている。

箭弓稲荷神社の創建は和銅《わどう》五年（七一二）とされるが、権現《ごんげん》造りの現社殿は天保《てんぽう》十四年（一八四三）のもの。その建て替えに携わったのが飯田和泉一族で、飯田英夫棟梁のご先祖だ。

子孫が先祖の建てた社殿を修理して後世に伝えていく……。ここまで誇らしい仕事は、そうはあるまい。

このような歴史ある宮大工には、相応のしきたりがある。そう思い、私は修理現場を訪れたのだが、飯田棟梁の答えはひと言、「ない」だった。

但し、飯田家に残る古文書には、地鎮祭の方法を記した「大工傳地祭次第」や、祀

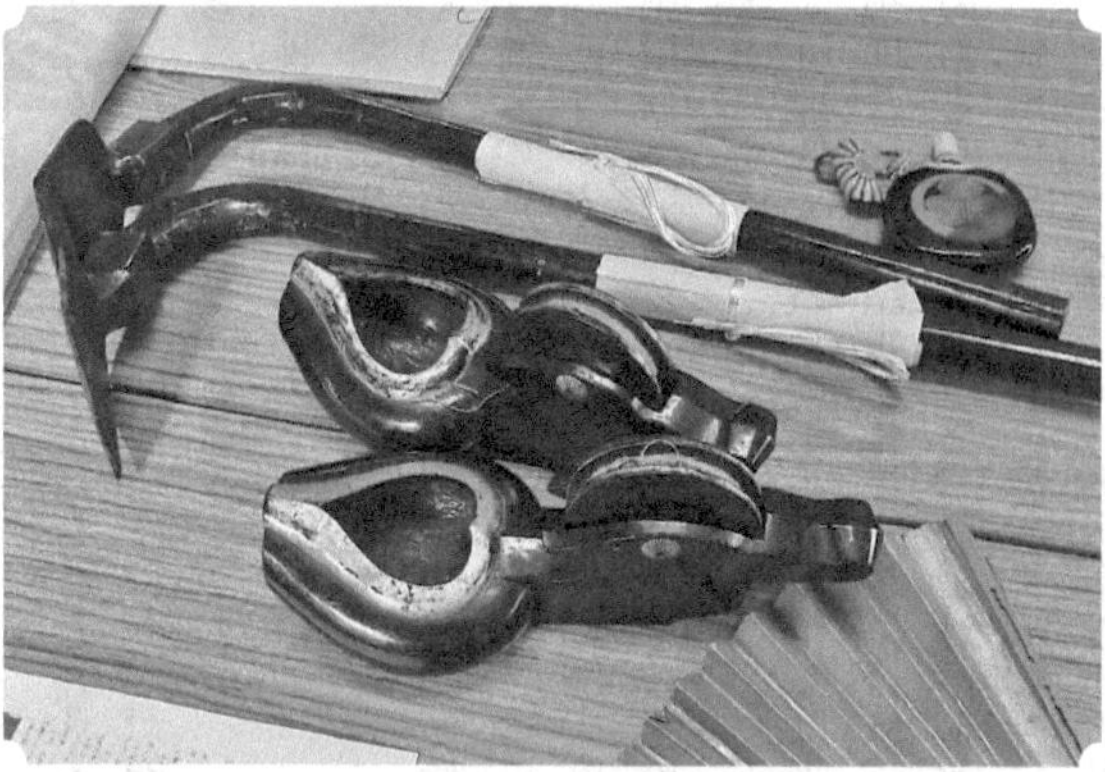

上◉大工道具。
下◉埼玉県東松山市にある箭弓稲荷神社、
社殿の保存修理の様子。

るべき方位の神などが記された文書、手斧始めや上棟祭の祝詞が残っている。今は分業だが、神事を大工が斎行《さいこう》した時代もあったのだ。

　便宜上、神主を呼ばずに行った可能性もあるだろう。が、一般人が神棚に手を合わせるのとは、やはり違う。

　棟梁は仰《おっしゃ》った。

「宮大工に資格はないんだよ。社寺に携わる大工が宮大工だ。だから、昔はふらっとやってきた大工が仁義を切ってね、仕事に入ってきたりしたんだ」

「流しの大工ということですか？」

「そう。大体、大工っていうのは、自分の家には居着けないんだよ。仕事ができれば出掛けていって、仕上がるまで、その土地で暮らす。現場は動かないからね。俺たちがそこに行くんだよ」

　一般住宅を造る大工や職人たちは当然、通いで、毎日自宅に帰っている。だが、大規模な社寺や屋敷を建築する場合は、腕に覚えのある職人が全国から集められ、仕事のある間はその場所で、数ヶ月から数年暮らすのだ。

　マレビト、という言葉が浮かんだ。

　マレビトは異界から来訪する神や祖先、旅人を指す。彼らは訪れた村に、福を授ける存在だ。

今でも、各地には、神に扮した人が家を回って、祝福する祭りが残っている。鬼の姿をしたナマハゲも一種のマレビトであり、神である。ゆえに、福を頒《わ》けて頂くために、人は彼らを歓待するのだ。逆にマレビトを粗末にすれば、もたらされるものは禍《わざわい》となる。

遠方からやってきて、普請《ふしん》という慶事《けいじ》に携わり、再び去って行く大工たちは、まさにマレビトそのものだ。その恐ろしい一面が強調されれば、彼らは鬼にもなるのだろう。

鬼は地獄の卒ばかりではない。卓越した技術や精神を持つ人をも「鬼」という。

飯田棟梁に連れられて、私は修復中の社殿を見学させて頂いた。ここの神社では、御神体を仮遷座《せんざ》させずに作業を行っているために、本殿には神様がいらっしゃる。棟梁はその本殿の御簾《みす》の内にまで入り、また、職人たちは神様のいる屋根の上を土足で歩く。

「家を直しているんだから、神様だって怒らないよ」

棟梁は笑ったが、ただの見学者である私にできることではない。そして、そういうことが許されるのが、宮大工なのだと理解した。

何百年も保つ社寺を造るのは、マジナイではなく熟練の技だ。吉祥《きっしょう》文様や瑞獣《ずいじゅう》など、社殿を守る飾りもすべて、技あってこそ活きてくる。その技を持っているからこそ、彼らは異能の存在となる。

マジナイはないという宮大工は、自身が神を守る場所にいる。

当人たちが意識しているか否かはともかく、大工はやはり、「大いなる工」に違いない。

大麻

ブームとまでは言わないが、ここのところ大麻《たいま》を見直そうとしている人が増えている。

無論、麻薬としてではなく、日本の生活文化に欠かせない農作物として再評価したいというものだ。

かく言う私もそのひとりだ。

日本において、大麻が如何に大きな役割を果たしてきたか。宗教史や文化史を学ぶほど、重要性がわかってきたからだ。

大麻繊維の持つ力、面白さにも強く惹かれる。神道と大麻の切っても切れない関係も、ひどく気に掛かる。

しかし、今、身近に大麻はない。大麻のことを知っている人も周りにいない。ゆえに、その魅力について、もっと深く知るために、栃木県鹿沼《かぬま》市で八代続く大麻農家『野州麻紙《やしゅうまし》工房』と、那須《なす》町にある『大麻博物館』を訪ねてみた。

そこで伺った話のほとんどは、現代日本人の知識から抜け落ちたものばかりであった。ゆえに、マジナイの話をする前にまず、『大麻博物館』館長・高安淳一《たかやすじゅんいち》氏の話をもとに、日本人と大麻についての関係を生活面から見てみたい。

今の私たちは「大麻」というとまず麻薬を連想し、イリーガルなイメージを抱く。だが、第二次世界大戦後、ＧＨＱによる取締法ができる以前、日本人はまったく別の眼差しをもって大麻を見ていた。

ひとつは、衣食住を支える頼もしい農作物としての大麻だ。

なかでも、大麻繊維は古代から近代までの長い時間、我々の衣服として用いられてきた。

今も麻の衣服や布団はある。が、間違えてはいけないのは、現在、「麻」として出回っている布製品は大麻（ヘンプ）ではなく、苧麻（ラミー）及び亜麻（リネン）だということだ。

苧麻はイラクサ科で「ちょま」または「からむし」と読む。アマ科の亜麻はそのまま「あま」だ。そして、苧麻は南方系の多年草であり、亜麻は北方系の一年草だ。どちらもアサ科ですらないが、製品表記では「麻」となる。そしてなぜか大麻製品は、現在「指定外繊維」として扱われている。

大麻が「指定外繊維」となった理由は、取締法によるものだろう。しかし、この混同は日本そのものにも原因がある。元々日本人は大麻と他の繊維、特に苧麻をも一緒くたにして「麻」と呼んでいたからだ。

「上布《じょうふ》」という麻の着物は高級品として知られており、宮古《みやこ》・八重山《やえやま》・越後《えちご》・近江《おうみ》などの産地を冠して呼ばれる。が、大麻で織られていたのは近江上布のみであり、残りのほとんどは苧麻で織られた（近江上布も現在は苧麻を使用）。それでも、我々は上布すべてを麻織物だと認識してきた。

異なる植物繊維を同じ名で呼び始めた時期はわかっていないが、大麻も苧麻も縄文時代には既に織物や編物として私たちの身近にあった。

一万年以上のつきあいだ。

長いその時間の中で、大麻と苧麻は共に「麻」として我々の肌に寄り添ってきたのだ。

織物繊維の変遷は麻に限らず興味深い。が、今は大麻に話を絞ろう。

大麻は四ヶ月で四メートルに育つほど生長が早く、土壌も選ばないために生産性に勝れていた。

ゆえに衣服以外にも、大麻は大活躍した。

まず、繊維は釣り糸・凧糸・畳糸・漁網・武具・馬具・防火服などに用いられた。大麻繊維は火に強く、水に強く、速乾性があり、しかも蒸れにくく、切れにくいという特性がある。

当然、屋外での使用にも耐え、矢も通さなかったので、戦国時代の陣幕や旗指物《はたさしもの》も大麻で作られた。汗にも強い速乾性があるために、兜《かぶと》や鎧《よろい》の裏地としても大麻繊維は重宝された。

漆《うるし》の下貼りにも用いられ、日光東照宮の漆彩色は下地に麻布が貼られている。奈良県興福寺《こうふくじ》の阿《あ》修羅《しゅら》像なども、麻布に漆を重ねて造られているという。

また、近代では水道などの圧力漏れを止めるシーリングテープにも大麻繊維が用いられた。

大麻の布は、素晴らしく高機能なものだったのだ。

無論、用途はこれに限らない。

建築では、茅葺《かやぶ》き屋根の軒先に麻《お》幹《がら》（皮を剝ぎ取った大麻草の茎）が用いられ、土壁にも麻スサ（ほぐした繊維）などが使われている。

繊維をとったあとのカスも、保温材や女性の生理用品として利用された。

生活用品の他にも、大麻は薬品、肥料、食品として用いられている。

防虫効果と抗菌作用が極めて高いため、肥料として用いると、除草剤や殺虫剤を必要としない。また、足に巻くと虫除けにもなった。生理用品として使われたのも、抗菌作用があるからこそだ。

そして、その実は食用となり、油として活用された。

食品としての麻の実は、肉や大豆、母乳よりもタンパク質を豊富に含み、大豆よりも消化吸収が良い完全栄養食と言われている。実際、飢饉の際には、麻の実が多くの飢えた人を救っている。

実から採れる油もすごい。

大麻の油には、必須脂肪酸、九種類の必須アミノ酸、天然ビタミンEやオメガ3系のαリノレン酸、稀少なγリノレン酸が含まれている。これだけの成分が含まれる天然植物油は大麻だけで、最近ではスキンケアの分野でも注目されている。その他、油は燃料油、機械油、塗料の原料にも使われる。

土に植わった大麻自体にも効能がある。

大麻は土壌改善効果が高いとされる植物なのだ。

北海道の北見《きたみ》鉱山付近は大麻の自生地だったが、戦後、除草されたため、鉱毒が川下に流れ、川に魚が棲めなくなったと伝わっている。

実際、リン酸汚染除去について、北海道の北見農業試験場が行った研究では、大麻草が最も優秀であったという結果が出ている。

この効果を期待して、ウクライナ（旧ソ連）のチェルノブイリ原発周辺には一九九八年以降、産業用大麻を植えるプロジェクトが始動している。

生憎《あいにく》、結果のデータは手許にないが、放射能汚染された土壌にも効果が期待されたのだろう。

ともあれ、衣食住から地球環境まで、大麻があれば、すべて事足りると思えるほどの素晴らしさだ。

実際、大麻以上に、多用途で心強い農作物はないと言ってもいいだろう。

悲しいことに、我々はこの魔法の草を敗戦によって失ってしまった。今は化繊や化学薬品がその代わりを務めているが、どんなに勝れた代替物が出てきても、譲れないものが大麻にはある。

聖なる植物としての大麻だ。

神道において、大麻は重要な役割を果たしてきた。
伊勢神宮で頒布するお神札《ふだ》「神宮大麻」も元々は祓い清めの証として、大麻繊維を頂いて祀ったことが始まりという。注連縄《しめなわ》や御幣《ごへい》も、本来は麻で作られた。

神社におけるお祓いで、神職が振る祓い串は「大麻」と書いて「おおぬさ」と読む。今は紙がほとんどだが、この祓い串も古くは大麻繊維の束だった。

「麻糸産み後継者養成講座」のテキスト『日本古来の麻　大麻の布ができるまで』には、体を清めるのが塩であり、身の内を清めるのが大麻であると記され、こう続く。

「身の内なる穢れを落とす唯一の清めの品」

実際、伊勢の神宮では神楽殿《かぐらでん》に上がるとき、大麻の束を両手で綱を曳くようにしごくことで清めとする。

禊《みそ》ぎでは祓いきれない穢《けが》れを清めることは、大麻にしかできないとされているからだ。

また、神宮における式年遷宮の際、祭主が額に巻く木綿鬘《ゆうかずら》も大麻の繊維を用いている。

神宮に限らず、神域に大麻は欠かせない。

神前などに撒く「切幣《きりぬさ》」は「切麻」とも記されて、細かく切った麻や紙、米などを交ぜた祓具だ。

拝殿の前に下がる鈴につけられた緒や、神に捧げる稲束《いなづか》も大麻で束ねられている。

我々が捧げる玉串《たまぐし》にも、榊の中ほどに大麻繊維が結ばれていることが多くある。

民間でも大麻は神聖視され、神に寄り添うときに用いられ、魔除けの力を持つとされた。

昔の蚊帳《かや》が大麻繊維で作られていたのも、蚊などから身を守ると共に、就寝中、魔物が側に寄らないようにするためだった。

雷が鳴ったとき、蚊帳の中に入ると安全だと言われているのも、大麻の持つ災い除けの効果を期待してのことだろう。

現在、大麻繊維には電磁波防止作用があるという向きもある。

真偽のほどは不明だが、広義の魔除けという意味では当たっているのかもしれず、注連縄を大麻繊維で綯《な》うのは、魔を寄せつけない結界を作るためでもあったのだろう。

また、日本においては、仏事でも大麻は必要とされてきた。

お盆のときに焚く迎え火・送り火に用いる麻幹がそれだ。

なぜ、麻幹なのかは不明だが、日本人が大麻の煙こそが先祖を導くに相応《ふさわ》しいと考えたのは間違いない。

その聖性は、実際の植物を離れても効果を発揮した。

「麻の葉模様」という文様は、魔除けの力を持つとされ、赤ん坊の着物の柄、また

「背守り」の飾り縫いに使われて、子供たちを魔から守った。

――人の生活を支え、神を支え、魂をも守ってくれる。

繰り返しになるが、大麻はすごい。

しかし、なぜ、大麻にここまでのパワフルな聖性が宿っているのか、正確な理由はわかっていない。

前掲書によると、古代人は大麻の中に、天照大神《あまてらすおおみかみ》の「荒御魂の光を見いだしたためと考えられます。」とある。

荒御魂《あらみたま》というのは、人の心は四つの魂からできているという神道の考え、即ち一霊《いちれい》四魂《しこん》の中のひとつで、一霊は「直霊《なおひ》」、四魂は「荒魂《あらみたま》・和魂《にぎみたま》・幸魂《さきみたま》・奇魂《くしみたま》」を指している。

四魂の中の「荒魂」は活性化されて荒々しい力を示す神霊で、強いパワーを持つという。そんな荒魂が大麻に宿るとされるのは、神に捧げる布のひとつ「荒妙《あらたえ》」が大麻で織られているからだ、という話だが……。

辞書によると、荒妙とは藤などの木の皮の繊維で織った織り目の粗い布の総称で、それを麻織物と限定したのは平安時代以降だという。

荒妙と荒魂にも直接的な関わりはない。加えて荒魂自体、天照大神に限った話ではない。ゆえに天照大神、その荒魂と大麻は完全に一致しているとは言い難い。

つまり、大麻が持つ聖性の源は、わからないというのが真実だろう。が、現在でも天皇即位の際には、麁服《あらたえ》という大麻の着物を忌部《いんべ》氏が献上することになっている。

理由はわからずとも、大麻に神秘的な力を見たのは間違いないことだろう。

実際、精製した上質な大麻繊維＝「精麻《せいま》」は、柔らかな砂色で光沢がある。光を受ければ金色に輝く。太陽神に近い植物と認識されても不思議ではない。

それはともかく、大麻にここまでの聖性を見る民族は日本人の他にはない。

また、日本人ほど、大麻の麻薬成分に着目しなかった民族もない。

『大麻博物館』館長のお話によると、氏の収集した証言の中に、戦前、大麻畑に季節労働者として働きにきた人が、宴会の際に新聞紙で巻いた大麻の葉っぱを吸って、

「これを吸うと疲れがとれるんだよ」と語っていたとの話がある。

疲労回復はマリファナの作用によるものだが、そのことを他の労働者や栽培者が知らなかったということは、大麻と麻薬が結びついていなかった証拠だろう。

また、戦後、煙草が手に入りづらかった時期、代用品として大麻の葉が用いられた。が、煙草が入手できるようになるにつれ、喫煙者は煙草に戻ったという。

日本人は大麻の「酔い」に魅力を覚えなかったのだ。

理由のひとつは、日本の在来種である大麻＝カンナビス・サティバ・エルに、幻覚を引き起こす成分が少なかったことにあろう。

大麻の主成分には、ＴＨＣ（テトラヒドロ・カンナビノール）とＣＢＤ（カンナビジオール）がある。

向精神作用を持つのはＴＨＣで、マリファナはこれを多く含む葉及び花冠で作られている。ＣＢＤが優位になると、麻薬としての作用は薄れ、繊維大麻として用いられる。

ＴＨＣとＣＢＤは気候や水による変動が大きい不安定成分で、同種の大麻でも強い幻覚作用を持つのは、限られた国の一地域のもののみだ。そして日本の大麻は典型的なＣＢＤ優位の繊維大麻で、ＴＨＣは微量という。

無論、ＴＨＣも皆無ではないため、農作業の最中などに頭痛を起こすなどの影響は出た。

これを「麻酔い」と言うのだが、微量のＴＨＣは幻覚や向精神作用を及ぼすほどの効力はなく、単に不快感を引き起こすだけだったため、日本ではむしろ忌避されたらしい。

しかしながら、葉や種子を乾燥・加工すれば、ＴＨＣはそれなりに働く。方法がないわけではないのだ。

実際、日本人は強いアクを持つ蒟蒻芋《こんにゃくいも》や猛毒を持つ河豚《ふぐ》を美味に変える努力をしてきた。麻薬に魅力を感じていたなら、大麻にも工夫を重ねて品種改良をしたに違いない。

だが、日本人はそうしなかった。

世界一般において、幻覚性植物はシャーマニズムには欠かせないものとなっている。各地のシャーマンは儀式になんらかの幻覚性植物を用いるし、仏教でも、本来の護摩には同様の作用を持つ植物種子が用いられていた。

ところが、日本の神事では、これらのものを使用した形跡が一切見当たらないのだ。酒で代用したという説もあるにはあるが、強い作用は期待できない。実際、尸童《よりまし》たちや巫女《みこ》は精進こそすれ、酒を飲んで神事には向かわない。

唯一、修験者たちが山中で茸を食べたという話だが、幻覚性茸が彼らの行《ぎょう》に必要欠くべからざるものとして定着した跡はない。

日本人は音楽や一定の所作を行うことで、トリップが可能だったのか。

もしも、素面《しらふ》でトランスや法悦に入れるのが日本人だというのなら、これはこれで空恐ろしい精神性を持っていると言えるだろう。

栃木県の西部、足尾《あしお》山麓一帯は、大麻の生産地として知られていた。

この地区では約四百五十年前から大麻の栽培が行われ、ここで生産される麻は「野州麻」と呼ばれている。

細々とではあるが、大麻農家はまだ全国に存在している。しかし、近年の麻薬目当ての盗難を恐れて、畑はほぼ非公開。正確な場所すら秘されている。

唯一公開されているのが、鹿沼市にある大麻農家『野州麻紙工房』だ。ここでは品種改良により、ＴＨＣをまったく含まない大麻が栽培されている。

やはり、日本の大麻文化に麻薬成分は必要ないのだ。

工房では、栽培から加工までを一貫して行っており、大麻の畑も見学できる。

私たちが訪れたとき、既に収穫は終わっていたが、種子を採るための畑にはまだ大麻が植えられていた。

三メートルを超える大麻草は幹も茎も驚くほどまっすぐで、非常に清潔な印象があった。

大きな楓《かえで》のような葉についた裂片と呼ばれる切り込みは、数こそ定まっていないものの、すべて奇数であるという。

奇数は陰陽道における「陽」の数字だ。こういうことも聖性に繋がる理由なのかもしれない。

聖なる作物を作るには、それなりのマジナイもある。

工房のご主人・大森芳紀《おおもりよしのり》氏に伺ったところ、最初に口にされたのが、播種《はしゅ》前に雷除けの札を立てるということだった。

これは「梵天《ぼんてん》上げ」「お天祭」とも呼ばれ、集落に近接する山に行き、その頂上にある大木に栽培の無事を祈るというものだ。

地域によっては、その折に「センドモウス、マンドモウス（千度申す、万度申す）」と唱えながら祠《ほこら》の周りを回るという。

また、祭りの後も雷電《らいでん》神社にお参りし、雷除けのお札を頂く。畑の中に収穫時の麻の長さ（六尺五寸）に切った竹を立て、先端にこのお札を挿す地域もある。

実際の麻栽培で怖いのは、雷よりも雹《ひょう》のほうだ。それを兼ねての「雷除け」だが、先述したとおり、大麻の蚊帳は雷を除けるための呪物だ。

守るものと守られるものが、ここでは一緒になっている。

また、トリ、イヌの日には種まきをしないという話も伺った。

トリの日を避けるのは、害鳥に荒らされないためという話だが、イヌの日を忌む理由はわからない。

この風習にも地域差があり、『大麻博物館』館長は、忌むのはトリ、イヌの日ではなく、トラとサルの日であると仰った。

トラの日に種をまくとトラヅナ（棺桶《かんおけ》をしばる縄）になる。また、大麻が虎の毛皮のようになる（まだら模様が出て品質が悪くなる）。サルの日にまくと、猿の尻のように繊維が赤くなる、ということらしい。

収穫もまた日を選び、ミクンチ（旧暦九月九日・十九日・二十九日）の風に当ててはならないとされている。理由は、この風に当てると麻の種がダメになると言われているからだ。

収穫した大麻は、茹でた後に発酵させて繊維を剥ぐ。そこから表皮を除いて乾燥させたのちに出荷する。

その繊維の裂け具合で吉凶を占う神事が、「麻裂き神事」として、鹿沼市今宮《いまみや》神社に伝わっている。

麻を使った神事はほかにも、千葉県成東《なるとう》の白幡八幡《しらはたはちまん》神社で行われている。また、陰陽道を伝える天社土御門神道本庁《てんしゃつちみかどしんとうほんちょう》の名越《なごし》の祓えでも、麻の縄を片手で解いて祓いとする作法が残る。

『後拾遺和歌集《ごしゅういわかしゅう》』には、和泉式部《いずみしきぶ》のものとして、以下のような和歌が載っている。

「思ふこと皆つきねとて麻の葉を　きりにきりてもはらへつる哉《かな》」

古くは繊維のみならず、葉そのものも祓いに用いられたのだ。

民間に伝わるマジナイとしては、便所関係のものが興味深い。

工房のご主人からは、こんな話を伺った。

「赤ん坊のお七夜《しちや》のとき、トイレに行って、麻幹で作った箸で汚物を食べさせる真似をするんです。そののち箸を麻紐で繋げて、雪隠《せっちん》に掛けておくのですよ」

これは「お七夜の雪隠参り」と呼ばれ、鹿沼市近辺に広く分布する風習だが、やはり若干、地域差がある。

場所によっては、赤子の額に大きく「犬」と書き、麻幹で作った箸を用いて、七歳くらいの男女に汚物を食べさせる真似をする。

これら「お七夜の雪隠参り」は便所に落ちないように、丈夫に育つように、という願いを籠めたマジナイだという。

くみ取り式だった頃、子供が便所に落ちるのは命に関わることだった。しかし、それ以上に日本人にとっての便所は、神やあの世と通じる場所であり、命の源でもあっ

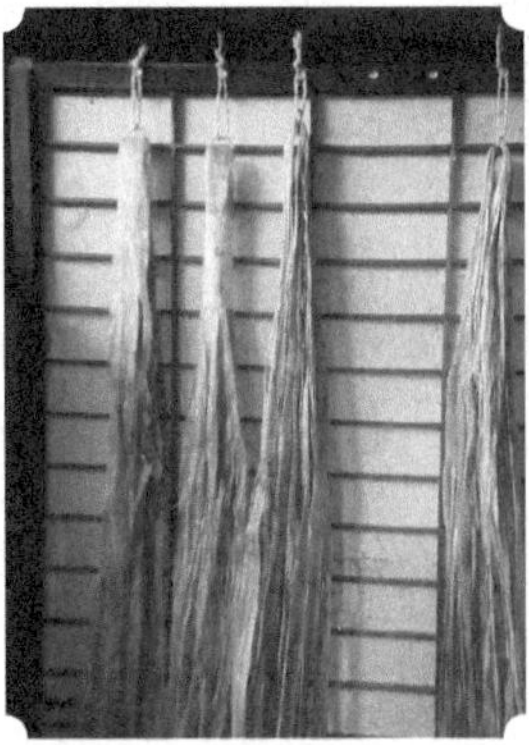

上二点◉大麻精製作業。
下◉大麻草。

た。

亡くなりかけた人の魂や行方不明者を呼び戻したいとき、便槽に向かって名を呼ぶマジナイは全国的に分布している。

魂をも呼び戻せる場で、聖なる大麻を用いることは、赤子に強い生命力を与えるマジナイでもあったに違いない。

ほかにも、大麻は冠婚葬祭すべてに関わってきた。

結婚の際の結納品《ゆいのうひん》にも、麻を櫛でといて髪の毛のようにする「共白髪《ともしらが》」というものがある。

嫁が婚家に入るときには、麻幹で作った二本の松明《たいまつ》を紅白の水引《みずひき》で十文字に結び、跨《また》がせるという風習もある。

また、妊婦は麻紐を身につける。

葬儀のときも棺桶を麻紐で縛る。杖と草鞋《わらじ》を棺に入れて、冥土に向かう途中でなくさないように麻の紐で結ぶ風習もある。盆の迎え火や送り火もまた、麻幹であった。地方によっては、その火を跨ぐと健康になるとも伝わっている。

何度も記すが、日本の生活、文化においてもここまでの力を発揮する植物は、大麻のほかには存在しない。

事実、終戦前まで、大麻は米と並んで作付け量を指定されていた重要な農作物だったのだ。

その大麻が消えたのは、ＧＨＱ主導の取締法だ。そして、それによって大麻の精製・加工はオートメーション化が遅れてしまった。

いや、元々手間の掛かる大麻製品は、現代的な大量生産には向かないのだ。

『野州麻紙工房』と『大麻博物館』には、大麻の紙や紐、それらで作ったアクセサリーや布製品が置かれているが、すべて手作業によるものだ。

精麻が布になるまでは、二十にも及ぶ繊細な工程が必要なのだ。

最早、我々が大麻の服を着て、大麻の実や油を食し、大麻に寄り添って生きるのは難しいのかもしれない。

しかし、大麻には力がある。すべて手放してしまうのは惜しい。

我々はその力をきちんと知って、少しでも大麻を身近なものに置き直すべきではないのだろうか。

マタギ

日本の北には、「マタギ」と呼ばれる人々がいる。

彼らは山に入って狩猟をするが、一般のハンターとは違い、伝統的な価値観としきたりを守って猟をしている。

平安時代には既にマタギはいたといわれており、その発祥は現在の秋田県だと伝わっている。もちろん、狩猟民は全国にいたが、彼らのことをマタギと呼ぶのは東北地方に限られており、その独特な民俗もほかの狩人とは大きく異なる。

特に他の地域から「本家」と呼ばれる阿仁《あに》地方のマタギは、今に至るまで伝統的な狩猟法を継承している。

マタギの世界は、マジナイとタブーの宝庫だ。

彼らは秘伝の巻物を持ち、山に入った際は里とは違う言葉を操り、獲物を得たときには儀式を行い、場合によっては呪術を使う。

秘伝の巻物とはマタギの由来を記したもので、『山立根本巻《やまだちこんぽんのまき》』『山立由来記《やまだちゆらいき》』などという名が付いている。マタギはこれを所持することで、山から山、各国の関所を自由に行き来することができた。巻物はいわば通行手形と免許証を兼ねていたのだ。

マタギには日光派《にっこう》と高野派《こうや》があり、いずれも萬事《ばんじ》萬三郎《ばんざぶろう》を祖とするが、両者の縁起は異なっている。

即ち、日光派は日光権現に加勢して、赤城《あかぎ》明神に勝利したことでマタギとなり、高野派は空海からマタギの法を授かったことを始めとしている。

巻物に記されたこれらの由来は、端《はた》から見れば秘する内容とは思えない。だが、つい最近まで、マタギたちは絶対に、巻物を他人には見せなかった。

なぜなら、この巻物自体が呪物になっているからだ。

シカリというマタギのリーダーは、山中で寝泊まりするマタギ小屋に入った際、巻物を山神に供えておく。

そして万が一、病気や怪我、飢えなどで下山が難しくなったり、命の危機に陥ったとき、巻物を使って危難から逃れると伝えられている。

具体的な方法は不明だが、当然、普通の由来書や通行許可証にこんな力は備わっていない。巻物は、巻物そのものに内容を超越した力があるのだ。

山は異界でもあり、他界でもある。

そうした場所で活動するマタギたちは、山中においては言葉も変えた。

熊は「イタズ」、米は「クサノミ」、火は「サッピ」、山から里に帰ることは「ムジル」……。

「マタギ言葉」と言われるこれらの言葉は、里で話してはならないとされた。また、逆にマタギが山で里の言葉を使ったときは、山が穢《けが》れると言われ、厳冬期の沢に入って水垢離《みずごり》を取らねばならなかったという。

山に里を持ち込み、里に山を持ち込むことは、双方の世界の侵犯になる。それを犯せば、里の神も山の神も機嫌を損ね、人の命や生活にも支障が出る。そう考えられていたゆえに、マタギの習俗は外部に漏れず、最近まで謎に包まれていた。

掟《おきて》を守ることで、山から幸がもたらされるなら、里人たちも敢えてタブーに踏み込む必要はなかったからだ。

秘された作法を知りたがるのは研究者や学者だが、乱暴な言い方をするならば、調査は学術的好奇心を満たすだけで、生活の役にはまったく立たない。それどころか山の暮らしの漏洩は、当事者たちにとっては危機感を抱かせられるものでもあっただろう。

山に入って、生活の糧を得る者は、マタギの他にも炭焼きや樵夫《きこり》などがいる。なのにどうしてマタギにのみ、多くのタブーや宗教的・呪術的作法があるのだろうか。

それは彼らが山という異界に入り、死に近いところにいるためだ。

獣の死と己の死。マタギはそのふたつと対峙する。

現在、北海道以外のハンターの猟期は、十一月十五日から二月十五日と定まっている。だが、伝統狩猟の名目で調査を兼ねているときは、マタギたちは猟期以外でも五、六人から十数人の集団を作って山に入る。

もちろん、猟期のときはひとりでも行くが、マタギの猟は集団での狩猟が特色とされているために、調査を兼ねたときの猟は複数で行うことになっている。

しかし、少し前までは「ひとりマタギ」も存在したし、山伝いに他県まで行く「旅マタギ」と呼ばれる者たちもいた。

『狩りの語部　伊那の山峡より』（松山義雄《まつやまよしお》　法政大学出版局）には、大正八年、積雪期の南アルプス仙丈ヶ岳《せんじょうがたけ》で狩りをしていた秋田のマタギが、麓《ふもと》の狩りの名人を訪ねて下山してきたと記されている。

「彼らは、故郷の秋田県北秋田郡若松村を出て脊梁山脈に沿って、狩猟の旅を続けながらこの中部山岳地帯に辿り着いた」

秋田県阿仁地方のマタギが、ひと冬のうちに本州の半分以上を南下してきたというわけだ。以前、聞いた話では、行く気になれば、彼らは和歌山県熊野地方まで山伝いに足を延ばしたという。

途中、獲物を金銭に換えたり、物資を補給するために里に出ることは必要だったが、基本的に、彼らは獲物のいない里には下りてこない。

現在、旅マタギはいなくなり、山中で過ごすためのマタギ小屋も、数年前に阿仁から消えてしまったと聞いた。だが、それ以前のマタギたちは、厳しい冬山の中で数日から数ヶ月を過ごしていたのだ。

この環境が、彼ら独自の精神性と宗教観を作っていったのではなかろうか。

猟は、秋から春にかけて行われる。

山が枯れて雪が降らないと、獲物がみつけられないためだ。マタギは雪に残った足跡を見、白雪に映える獣を追う。

集団で行う猟は「巻狩《まきが》り」と呼ばれ、熊を対象としたものだ。

役割は、山を取り囲んで下から熊を追っていく「セコ」と、山頂近くで熊を撃つ「ブッパ（マッパ）」のふたつに大きく分かれる。

マタギの獲物は山にいる動物全般だが、最も重きを置くのは熊だ。ゆえに、猟におけるマジナイも多くが熊に集中している。

以前はカモシカにも呪術的作法を施したと資料にあるが、保護動物となって以来、カモシカ猟はなくなった。そのため、マタギらしい作法が残るのは、熊のみとなってしまったようだ。

その熊を、マタギたちは「山から授かる」という。

授けてくださるのは山神様だ。山が穏やかであるかどうか、熊に会えるかどうかはすべて、山神様の気持ちひとつだ。

二〇一五年五月。私たちは阿仁マタギの許《もと》を訪れた。

本来ならば、まだこの時期には雪が残っているのだが、この年は「山が早かった」ため、草木は既に芽吹いており、残雪もまばらな状態だった。

我々が秋田に着いた日も、マタギたちは山に行っていた。この日の狩りは大学関係者の同行を始め、テレビ取材も入っていたが、雪解けの進んだ山では、熊の姿を捉えることすら叶わなかった。

そのことを聞いたマタギの鈴木《すずき》英雄《ひでお》氏は、

「女の人がいたんじゃないの？」

と、同行していた学生に尋ねた。

――印象的な言葉だった。

鈴木氏の祖父は「空気投げの辰五《たつご》郎《ろう》」と呼ばれた名人だった。

マタギは世襲制ではないので、都会で生まれ育った人でも、やると言えば、明日からでもできる。だが、古くから伝わるしきたりは、時が経たねば身につかない。

鈴木氏はご自身も経験豊かなマタギである以上に、祖父から受け継いだ豊富な知識と知恵を持っている。その方がさりげなく言った言葉には、深い意味が宿っている。

俚《り》言《げん》でも妻を「山の神」と言うごとく、日本人にとっての山は女神が司る場であった。この神は醜い女性と伝わっており、そのためか、女性が山に入ることを嫌うという。

「女の人がいたんじゃないの？」という鈴木氏の言葉には、この認識が下敷きにある。つまり、熊を授からなかったのは、女性がいたからではないかと訊いたのだ。

実際の現場には、女性は入っていなかったが、

「ともかく、山の神の機嫌をとるんだ」

鈴木氏は続けて言った。

山の神の機嫌を損ねれば、当然、獣は授からない。ゆえに女性の件のみならず、タブーを犯さず掟を厳守して、不猟が続いたり、山が荒れたりしたときは原因を探り、

神を祀り、神の喜ぶものを捧げる。

その代表的な供物がオコゼだ。

山の女神は自分よりも醜い姿をしたオコゼを見ると、喜ぶのだと言われている。そのため、マタギはオコゼの干物を山に持っていき、ご神木的な木に供えたり、社にお供えしたりする。

実際、鈴木氏の自宅には、オコゼの干物が置かれてあった。

醜いと思える生き物は他にもあると思うのだが、山にはいない——山神の配下にない、海に棲む生物ということで、オコゼは選ばれたのだろう。

また、旧暦の十二月十二日は山の神の日であるため、山に入ってはならないとされる。

この禁忌はマタギのみならず、山仕事をする人、一般人、すべてに適用される重い掟だ。

日にちこそ違え、全国にも「山忌み」の日は存在している。ある伝説では、この日は神が山の木の数を数える日なので、山に入ると木として数えられ、里に戻れなくなるという。

マタギたちは七人で山に入ることも嫌うというが、十二といい、七といい、月や日の数と同じであるのも意味があるのかもしれない。

日にちに限らず、十二という数は重要性を持つらしい。

八十歳（取材当時）の現役マタギ・加賀谷《かがや》金一《きんいち》氏の話によると、尾羽の模様に節が十二あるヤマドリは、夜に光りながら飛ぶので忌まれたという。また、ヤマドリの巣をみつけたとき、卵が十二個あったなら、必ず二三個割らねばならない。そうしないと不祥のことが起きるとも仰っていた。

ヤマドリというのは、尾羽の長い綺麗な鳥だが、この鳥と山神との繋がりは気に掛かる。また、それ以上に、神の数字を尊ぶのではなく、忌避するところも興味深い。旧暦五月の十二日には、「熊まつり」または「山神《さんじん》祭」と呼ばれる祭りが行われる。

これは猟期が終わったあと、山の幸を分けてくださった神への感謝を捧げる祭りで、神前には改めて熊の骨と肉がお供えされる。

お社はシーズンはじめに道を清めて掃除をし、参拝してから山に入るのがならわしだ。

鈴木氏が仰るには、去年、掃除を後回しにして山に入ったところ、熊がまったく授からなかった。熊が見えても、弾が逸れる。そこで一旦、山を下り、神社を掃除してお参りし、改めて山に入ってみると、今度はいとも簡単に熊を授かることが叶ったという。

「ともかく、山の神の機嫌をとる」というのは、それが生業《なりわい》に直結するマタギにとっては、形式的なものに留まらないのだ。

ヤマドリ以上に、厄介で不吉に通じる動物には「小玉鼠《こだまねずみ》」というものがいる。

「小玉鼠というのは、二十日鼠の膨らんだようなものであるが、どういうわけか鉄砲のような音を立てて、躰体が破裂することがある。ひどい音を立てて肉が飛び散る。それのハネる時は、山の神の機嫌の悪い時であるから、その音を聞いたら戻るものだという。強いて行けば不猟は勿論、碌な目に遭わないと」『秋田マタギ聞書』（武《む》藤《とう》鉄《てつ》城《じょう》　慶友社）

小玉鼠は背筋から割れると伝わるが、同書には、この破裂音を聞いて山から戻ると、寝ていた場所で山火事が起きたという話も載っている。

この鼠は一般で言うヤマネのことだとされている。あの愛らしいヤマネが破裂して、肉を飛び散らせるというのか……。

鈴木氏に伺ってみたところ、確かにそういう言い伝えはあるし、破裂する音を聞いたなら、必ず山を下りると仰った。どんな音かと尋ねると、やはり銃声に似ているという。

伝説によると、この鼠はかつて存在した「小玉流」を名乗るマタギたちのなれの果てであるらしい。

小玉流のマタギたちは、小屋を訪ねてきた女性を山神と気づかずに宿泊を断ったため、呪いを受けて鼠にされてしまったという。女人禁制のマタギ猟で、マタギ小屋への宿泊を断るのは道理だと思うのだが……。

一方、「重野《しげの》流」のマタギたちは小屋を女性に明け渡し、自分たちは山を下りたため、無事に栄えたと伝わっている。

もしかすると、この話は山の神が姿を見せたら山を下りろとの教訓として、伝わった話なのかもしれない。

赤い樹液の出るミズキという木も、伐ってはならないとされている。樹液の色が血に似ているため、それを伐ると山神は自分が切られたように思って怒るのだ。

ともかく、山の神は気難しくて恐ろしい女神であるようだ。

マタギたちはそんな山神に精一杯の敬意と気遣いを示して、山から獲物を授かってきた。

授かった熊は「ケボカイ」という作法に則って解体され、猟に関わったマタギたちすべてに平等に分配された。

作法はまず、熊を北枕に寝かせ、シカリが熊の体を木の枝で撫でつつ小声で呪文を唱える。呪文は近年まで秘されていたが、今はその限りではない。鈴木氏は「大物千匹　小物千匹　たたかせてたまえ……」と、その一節を口にした。授かったばかりの熊を前にして、更なる豊猟を願うのだ。欲深いという言い方もできるが、実に素直な願いともいえよう。

　地域によって呪文や作法は異なるが、熊の供養と山の神への感謝を表すという意味は共通している。授かった熊と授けてくださった山神への謙虚さが、如実に表現された儀式だ。

　この「ケボカイ」の呪文を唱えるシカリは、経験豊かで腕のいい猟師であることはもちろん、呪術師としての業も持っていた。『マタギ―森と狩人の記録』(田《た》口《ぐち》洋美《ひろみ》　慶友社）には「術を持たなければシカリではねぇ」と言い切ったマタギの言葉も載っている。

　シカリは巻物を使い、熊を供養し、雪崩避けの呪文も唱える。また、山中のみならず、里でも術を用いて病を治したり、子供の夜泣きを封じたりした。

　実際、鈴木氏のお宅には、シカリだった祖父・辰五郎さんが所有したマジナイの書きつけが残っている。

そこには血止めや虫歯、火傷を治すマジナイに交じって、安産や胞衣を下ろすという、女性と出産に関わるマジナイも記されている。ここに女性への禁忌はない。シカリは里でも一目置かれていたというが、その理由のひとつには、マジナイをはじめとする民間医療の知識を持っていたということも大きいのだろう。

熊を仕留める道具は、今、ライフルが使われている。ひと昔前は村田銃、その前は火縄銃だった。山に入るスタイルも、当然、今は機能素材のアウトドアウェアで、毛皮を背負ったり、藁靴を履いたりすることはない。

伝統的な文化といっても、マタギの姿は時代と共に変わっている。なぜなら、マタギ猟が伝統となったのは、つい最近のことであり、それ以前は一職業に就く者として、マタギたちは機能性や利便性を追い求めていたからだ。

危険な冬山で、安全かつ効率的に獲物を獲る手段を講じることは、当然であり、大切だ。だが、その一方、彼らはマジナイを手放すことなく残し続けた。

つまり、マタギたちにとってそれらの作法は、最新式のライフルを持つのと同様に、命を守り、熊を多く授かるために、必要なものだったということだ。

山に入る際のタブーも多い。

口笛を吹くことや、歌を歌うことも禁じられた。また、マタギの言葉で獲物が逃げることを「カツグ」と言うため、銃を担ぐことも忌まれた。

　そんな多くのタブーの中、何より嫌われ、遠ざけられたのが、女性との関わりと出産だ。

　出産のあった家のマタギは暫くの間（期間には差異がある）、山には入れない。また、猟の前には男女の交わりも控えられた。当然、結婚も忌避されて、結婚式に出席することや、その祝儀《しゅうぎ》の品を身につけて山に入ることもタブーとされた。

　祝儀の品は婚姻に限らず全般的に忌避されて、山が荒れたときなどは、誰かが祝いの品を持っていないか、詮議することもあったという。

　出産は「白不浄」と呼ばれる穢れに相当するし、潔斎として異性を遠ざけるのも、よく聞く話だ。結婚を忌避するのも、同一線上の理由だろう。が、祝儀全般を避ける理屈は、別のところに存在している。

　マタギは、一般的に一番強い穢れとされる「黒不浄」――すなわち、死者・葬式は禁忌をせず、むしろ喜んだ。

　夢でも、死馬や死人を見るのは吉であり、死人に手を掛けた夢など見たら、間違いなく豊猟となると伝わる。

また、阿仁地方では葬式のときに白い布を身につけるのだが、その布で銃の手入れをすると、いい成果が得られるとされている。

銃は神聖なものなので、跨《また》いでもいけないと言われているにもかかわらず、一般的には「穢れ」に分類される「死」の布で、マタギは銃を磨くのだ。

なぜか。

それはマタギが猟師であり、獣の死を引き寄せねばならないからだ。

ゆえに、死は歓待される。自分や仲間が犠牲になるぎりぎりまで、彼らは死を招くのだ。

片や、出産や性交は命を生み出す。「生」に繋がるそれらの行為は獲物に命を与えることに通じてくる。そのため、それらは喜ばしくないものとされたのではないか。

こう考えると、女性が忌まれるのも、穢れというよりは、命を生み出す性だということが大きいように思えてくる。

「マタギ」の語源はいくつかあるが、中のひとつに、熊をも殺すのだから、「鬼」よりも「また」強いのが「叉鬼」であるという説がある。

その当否は知らないが、進んで死を身近に置く者として「鬼」の文字を用いることは、納得できるような気がする。

現在、マタギを専業にしている人はいないという。

高価な漢方薬の素材である熊の胆《い》は買い叩かれ、熊の毛皮の需要もない。最早、専業では生きられないのだ。

後継者も育っていないため、マタギの民俗は今、昔ほどには秘されていない。研究書も出ているし、口頭でも公にされる。

しかし、マタギの数が減り、マタギ自身がしきたりに強く拘《こだわ》らなくなったため、多くの口伝が継承されずに失われはじめているのも事実だ。

加賀谷氏の話によると、氏がマタギになった昭和四十八年当時、阿仁だけでも、マタギは百五十人ほどいたという。だが、現在、その数は三分の一に減っている。十年ほど前、若いマタギがふたり入ったが、それもひと冬で辞めたという。

加賀谷氏はその理由を「難儀《なんぎ》だから」と呟いた。

後継者不足は伝統文化にはありがちだが、マタギの場合、体力や技術の習得以上に、危険な仕事ということが数を減らす理由になっている。

初めて山に入ったその日に、命を落とす可能性もある。にもかかわらず、専業として成り立つほどの金銭が得られないのなら、なり手が減るのは仕方ない。

もしかすると遠からず、マタギはいなくなるかもしれない。

それを惜しいと嘆くのは、部外者の勝手な思いだろう。だが、同じ命を屠《ほふ》るなら、趣味としての狩猟や害獣駆除より、山神からの賜《たまもの》として、骨も内臓もすべて価値あるものとして扱うほうがいいのではないか。

いや、殺される側にとってはどちらも一緒かもしれないが、命を奪う行為は本来、他者の命を育むためのものでなくてはならないはずだ。

そうであってこそ、山神も熊を授ける甲斐があるのだし、人にも授かる意味がある。山も海も、大きな自然は皆、厳しいが、それが命の循環を支える力と知るからこそ、人々はそこを司る神に畏敬の念を抱くのだ。

マタギたちが持つしきたりは、人としての謙虚さの証でもある。

彼らの未来には不安もあるが、どんな形になるにしろ、その精神性だけは形骸化することなく、豊かな山と共に存在し続けてほしいと願う次第だ。

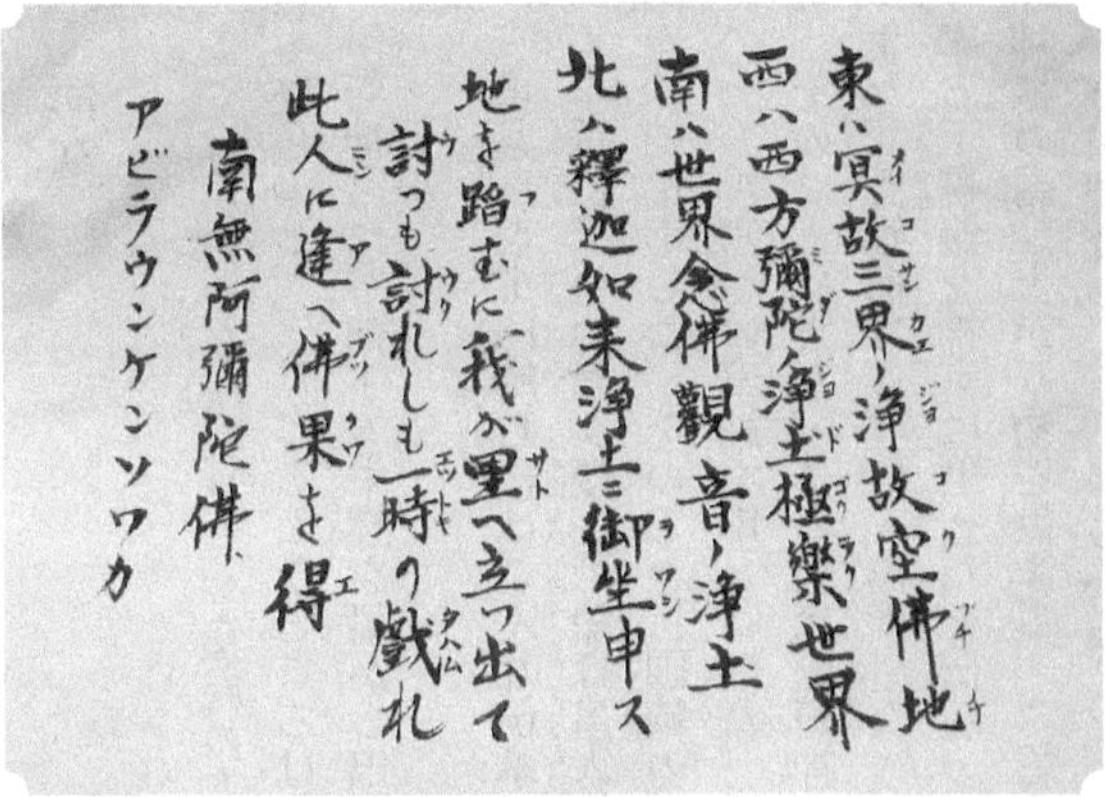

東ハ冥《オイ》故《コ》三《サン》界《カエ》ノ浄《ジョ》故《コ》空《ク》佛《ブチ》地《チ》
西ハ西方彌《ミ》陀《ダ》ノ浄《ジョ》土《ド》極《ゴク》樂《ラク》世界
南ハ世界念佛觀音ノ浄土
北ハ釋迦如来浄土ニ御坐申ス
地を踏《フ》むに我が里《サト》へ立つ出て
討《ウ》つも討れしも一時の戯《タハム》れ
此人《ミン》に逢《ア》へ佛《ブツ》果《カワ》を得《エ》
南無阿彌陀佛
アビラウンケンソワカ

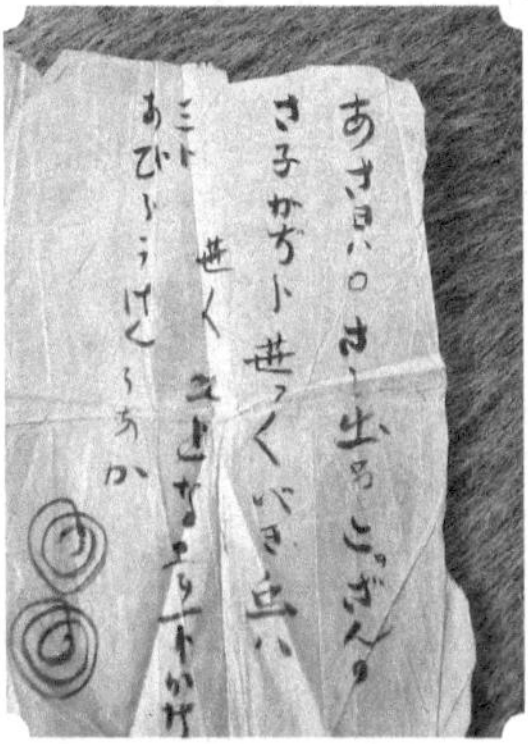

上◉無事に下山できるように呪文が記された書きつけ。
下右◉マタギが使う狩猟刀「袋ナガサ」と、
熊の胆嚢を乾燥させてつくる熊の胆。
下左◉マジナイの書きつけ。

海女

「ここは田舎の在所《ざいしょ》だけど、皇族の方々までいらっしゃるんだよ。数年前には秋篠《あきしの》宮《のみや》もいらっしゃった。こんなところはほかにないよ」

伊勢神宮に奉納する栄螺《さざえ》を殻から出しながら、海女《あま》たちは誇らしげな顔で笑った。

三重県鳥羽《とば》市国崎町《くざきちょう》にはこんな伝承が残っている。

——垂仁《すいにん》天皇の皇女倭姫命《やまとひめのみこと》は皇大神宮御《こうたいじんぐうご》鎮座《ちんざ》ののち、神饌《しんせん》の供給地を求めて志摩《しま》の国《くに》を船で巡幸した。そのとき、国崎の海女「お弁《べん》」が差し出した鰒《あわび》が大層美味であったので、神宮への奉納を申しつけた。鰒は日持ちさせるため、熨斗《のし》鰒にして奉納された。そのことにより、この地は国崎神部《かんべ》となり、御贄処《みにえどころ》と定められた。また、倭姫命はここに「湯貴潜女《ゆきのかづきめ》」を定め、年に三度の祭りの際、国崎の潜女が採り奉る玉貫《たまぬき》鰒を神宮に供えたと伝わっている……。

神様の召し上がり物を供するところゆえ、国崎は「御食国《みけつくに》」と呼ばれているとか。

その伝統は現在まで続き、神宮の三祭（六月・十二月の月次祭《つきなみのまつり》及び十月の神嘗《かんなめ》祭《さい》）には、大身《おおみ》取《とり》鰒・小身《こみ》取《とり》鰒・玉貫鰒・甘掻《あまかき》鰒・乾栄螺《ほしさざえ》が伝統的技法に則って調進されている。

倭姫命に鰒を奉った「お弁」は、のちに潜女神《かづきめのかみ》となり、海士《あま》潜女《かづきめ》神社に祀られた。小さな神社ではあるが、大祭には伊勢神宮から舞姫や楽士が参列して神楽が奉納される。また、海女たちはめまい除け、トモカヅキという妖怪除けにご利益があると崇敬している。

もちろん、神社は現在も神宮に奉納する鰒を管理している。我々が取材に訪れたとき、ちょうど社務所一杯に熨斗鰒が並べられているところだった。

余談になるが、祝儀のときに用いる「のし袋」というのは、本来、この熨斗鰒がついた袋のことを言う。

のし袋の右肩には、紅白の紙を縦長六角形に折り、袋状にしたものが貼りつけられている。これで包まれた淡黄色の紐のようなものが熨斗鰒だ。

今は樹脂に置き換えられたり、包み紙ごと印刷されてしまっているが、元々は桂剥きにして干した鰒を紐状に延ばしたものが入っていた。

熨斗鰒は不老不死・長寿の薬であり、商いを伸ばす縁起物とも考えられてきたために、祝儀袋に添えられたのだ。

七五三や成人式の振袖など、祝いのときに着る着物の柄に熨斗目模様《のしめもよう》というのがあるが、それもまた熨斗鰒を束ねたものを図案化している。

晴れ着を飾る文様が干した海産物というのも意外だが、その柄も、祝儀袋に印刷された模様もみな、神様になったひとりの海女が熨斗鰒を神宮に奉納したことがきっかけのひとつになっている。

日本に限らず、多くの宗教的な行事やしきたりは、古代からのしきたりが変わることなく受け継がれている場合が多い。そして、そこから出てきた文物は知らない間に我々の日常に溶け込んでいる。

そういう事例を知るたびに新たな驚きを得るのだが、海士潜女神社での驚きは、それだけには留まらなかった。

なんと、伺ったところによると、この神社の裏手には、今も「お弁」さんの末裔《まつえい》が住んでいるのだとか。

神代、倭姫命と出会い、神様になった海女の子孫だ。

倭姫命の父は第十一代垂仁天皇だ。となると、国崎町には、天皇家とほぼ変わらない歴史を持った一族がいることになる。神宮との関わりが、町も人も古《いにしえ》の形のままにしているのだろうか。

長閑《のどか》な風景に溶け込んだ歴史の重みは測りがたい。

国崎町鎧崎《よろいざき》には御料《ごりよう》鰒調製所があり、倭姫命御巡幸記念碑が建っている。

道路に面した鳥居の景色は、一見、普通の神社だが、道の先に社はなく、熨斗鰒を干すための「干場」と呼ばれる竿台がきれいに並んでいるだけだ。

冒頭に記した海女さんは、その干場の手前で栄螺を剝いていた。

「写真は撮らないで」

海士潜女神社でも、私たちは同じことを言われた。

神様に捧げるものは、その影をも一般人のもとに残してはならない。

そんな「常識」が伝わっているのも、この土地ならではのことかもしれない。

神宮の伝承からもわかるごとく、海女の歴史は大層古く、縄文時代にまで遡《さかのぼ》る。狩猟採取時代から今に至るまで、磯辺の貝や海藻を採ることは誰にでもできる。その技法が徐々に発展し、海女という専門職になったのだろう。

海女は日本全国にいる。鳥羽市にある『海の博物館』の資料によると、二〇一〇年の時点で、北は北海道から南は大分県・鹿児島県まで、列島周囲を取り囲む海のほぼすべてに海女がいる。

これは、一九五四年に柳田國男が作成した分布図とほとんど変わっていない。ひとつの発祥地から伝播したというわけではなくて、自然発生的に生まれた漁法が各地で緩やかに発展し、影響しあって、現在の形に落ち着いたに違いない。韓国の済州島《チェジュド》にも海女はいる。男性の「海士《あま》」は中国南部やマレーなど、太平洋地域に存在するが、女性の「海女」は、日本と韓国の一部にほとんど限定されている。

女性は男性より皮下脂肪が多くて寒さに耐えられるためだとか、漁業の発展に伴い、男性は船で沖に出るようになったためとか、「海女」が女性であることには、いくつかの理由が挙げられている。

が、この分布を見る限り、日本における潜水漁法が女性に限定される理由には、別の要因がありそうだ。

何はともあれ、今の海女たちが海をこよなく愛しているのは確かだろう。

日本中に分布している海女のうち、取材地に志摩を選んだわけは、神宮との関係以上に、当地の海女たちが持つマジナイに惹かれたためである。

十月半ば、私は現職の方々のお話を伺うため、鳥羽市相差《おうさつ》町と国崎町を訪れた。伊勢神宮から直線で二十キロメートル弱。的矢《まとや》湾の北側に位置するこの界隈は、海女さんの言葉通りのこぢんまりとした海辺の町だ。

町は、三方を山で囲まれている。

昔は山向こうとの行き来すら大変だったと想像するが、その代わり、海は外に開けて明るい。

海女たちはここで鰒を筆頭に、栄螺や岩牡蠣《いわがき》などの貝類、アラメなどの海藻を採り、一部を伊勢神宮に調進してきた。近年定められた禁漁期間中であっても、神宮奉納に限り、海女たちは採取調進することができるのだ。

志摩半島には二十七の漁場があり、現在、八百人近い海女がいる。相差町は百人ほどだが、昭和三十年頃は五百人の海女がいたらしい。

五百人でも多いように感じるが、統計によると、鳥羽と志摩の両市を合わせて、昭和二十四年には六千百九人もの海女がいた。それが平成二十六年の調査では、七百六十一人。八分の一に減っている。

鰒や栄螺は高級食材として珍重されるものではあるが、漁獲量や採取法の変化によって、海女の数も減ってしまった。

ただ、減少の理由はそれだけではない。相差町の海女さんたちの話によると、戦後まで、町で生まれた女性は皆、自然に海に親しんで海女になっていったという。

それが交通の便や女性の社会進出の環境が整うにつれ、海女を人生の選択肢から外す人も増えていった、と。

逆に、近年では外から来て海女になる女性もいると聞いた。だが、往時の数には戻るまい。

海女の仕事は楽ではないし、かなりの危険も伴うからだ。

ただし、一度、海女になれば、就労年数は異常に長い。寿《ことぶき》退職も定年もない。ある程度、健康ならば、文字通り死ぬまで仕事を続けていくことは可能だ。

彼女たちは生理のときも厭《いと》わず、妊娠中も臨月まで海に入る。また、相差には八十歳を過ぎて現役で潜っている海女さんもいるという。

陸《おか》では杖をついているような老人でも、一旦、海の中に入れば、重力から解き放たれて自由自在というわけだ。

生活のため、無理矢理潜っているわけではない。家族が止めても、海に出ていく。

陳腐な言い方ではあるが、生え抜きの海女たちにとって、海は第二の故郷なのだ。

しかし、この故郷はのんびりくつろげる場所ではない。

五分足らずの潜水で、命を奪われることもある。

海藻に命綱や足が絡んでしまえば、浮上できない。岩に差し込んだ手が取れなくなって、亡くなってしまう海女もいる。

海女は海の中では孤独だ。声も届かず、見晴らしも利かない海中では、ちょっとした油断が死に直結する。

日本人にとって、山と海は、常世《とこよ》・補陀洛《ふだらく》などと呼ばれる異界だった。

不用意に入り込んだ人間は、容易に魂を奪われる。しかし、一方、その異界は豊かで魅力的であり、里では決して手に入らない宝を秘めた場所でもある。

それを知っているがゆえ、人は危険を冒して異界に入る。

もちろん、用心は怠らない。

海幸・山幸を得て、無事に家に戻るためのアイテムは、優れたウェアと優れた道具。

そして、護符やマジナイだ。

実際、危険の多い仕事ほど、マジナイの数は増えていく。

前項で紹介したマタギたちも様々な術を持っていたが、海女も決して負けてはいない。

いやむしろ、海女たちのほうが日常的に護符とマジナイを用いている。

理由は、山より危険だからだ。

先に記したとおり、五分十分で、海は人の命を奪う。異界に対峙する緊張は、山の民より海の民のほうが強く持っているに違いない。

海には、魔物が潜んでいる。

代表的なモノが「トモカヅキ」だ。

海に潜って、海女が作業をしていると、自分と同じ恰好をした海女を見る。しかし、海面に顔を出しても、ほかの海女が潜っている形跡はない。だが、海中に戻るとやはり、自分そっくりの海女がいて、鮑を差し出してきたり、手を引いてどこかに誘う素振りを見せる。

海女が鮑を受け取ったり、手を取られたりすれば、そのまま深い場所に引きずり込まれる。また、トモカヅキは蚊帳《かや》のようなものを被せて、海女を溺れさせるとも伝わっている。

この妖怪は、溺死した海女の悪霊であるとも言われている。

同じ海女であるからこそ、その存在は恐ろしく思えるに相違ない。ゆえに、彼女たちは神となった自分たちの大先輩、海士潜女神社の祭神の力を以て、トモカヅキを退けようとする。

「尻コボシ」という魔物もいる。

話では、天王祭の日に海に入ると、尻コボシが来て、尻から生き肝を抜き取るという。姿は伝承されていないようだが、尻コボシにやられた死体は肛門が開いているという。

海棲の河童のごとき存在だ。

そのため、海女たちは天王祭の日には海を避ける。が、その日が口明け（出漁日）に当たったときは、山椒の枝を糸でからげたものを首から提げると、尻コボシ除けになるという。

志摩の海女たちの護符として有名な「セーマン」「ドーマン」も、これらの魔物を退ける力を持っている。

「セーマン」は五芒星。「ドーマン」はいわゆる九字であり、四縦五横のグリッド状をした文様を指す。

名の由来は伝説的な陰陽師、安倍晴明《あべのせいめい》と蘆屋道満《あしやどうまん》に由来する。しかしながら、現地では、このふたりにまつわる伝説は残っていない。重視されているのは文様のみだ。

「セーマン」と呼ばれる五芒星は、起点終点のないことから、魔物が入り込む隙がない、または一筆書きで同じ所に戻るため、行っても必ず帰ってこられる――海から無事に戻れる護符と見なされている。

「ドーマン」は多くの格子の目で魔物を見張るという籠目同様の解釈や、出入り口がわからないため、魔物が入りにくく、その隙にトモカヅキから逃れられると伝わっている。

海女たちはこれらの護符を、磯手拭いと呼ばれる鉢巻きや襦袢《じゅばん》に縫いつけたり、道具などに彫って身につけた。

それはウェットスーツが普及した今も変わることはなく、下着につけたり、ウェットスーツの上に白い磯着を着、そこに護符をつけたりしている。

話によると、「セーマン」「ドーマン」の護符は、海の守護としての信仰を集める青《あおの》峯山正福寺《みねさんしょうふくじ》（鳥羽市松尾《まつお》町）の行者が広めたのが始まりらしい。

現在、正福寺では「セーマン」も「ドーマン」も用いていないが、海女たちはここのお札を紙縒り状にし、磯メガネにつけたりするという。

今、「セーマン」「ドーマン」の文様が一番目につく場所は、相差町の「石神《いしがみ》さん」だ。

石神さんは、元々、近くの小学校の塀沿いにあった自然石だ。

ご祭神は玉依姫命《たまよりひめのみこと》とされるが、正月の晩、島田髷《まげ》に結った女神が現れたとの言い伝えもある。

石は古くから、女性の願いならひとつは必ず叶えてくれるとされており、海女たちの信仰を集めていた。

それが、近年、神明《しんめい》神社の参道に遷座したことで、多くの人の知るところとなり、今では全国から女性たちが訪れるパワースポットとなっている。

「セーマン」「ドーマン」はこの石神さんで頒《わ》けられるお守りの袋に記されている。石神さんを信仰する海女たちの習俗に、神社側が倣った形だ。

実際、石神さんが遷座する前から、神明神社は海女たちの拠り所になっていた。

境内にある薬師堂も、そのひとつだ。

薬師堂には、神明神社の別当寺であった朝福寺《ちょうふくじ》から移ってきた薬師《やくし》如来《にょらい》と十一面観《じゅういちめんかん》音《のん》が奉安されている。そして、その仏前には、穴の空いた石が多数奉納されている。

石の入った脇の木箱には、「穴の空いた石をお供えして祈願すると女性の臍下《さいか》の病気が平癒する」との木札が立っていたのだが、手許の資料によると、以前は耳や鼻の病気に効験があるとされていたらしい。

耳や鼻の不調は、潜水作業につきものだ。それらの病気になったとき、海底で拾った穴の空いた石を奉納し、仏前に供えられた水を耳や鼻につけ、平癒を祈願するという。

海士潜女神社の御利益も、トモカヅキ除けとめまい除けだった。めまいもまた、中耳炎などで引き起こされる。

当地の海女が頼る社寺は、このほかに伊勢神宮内宮の別宮である伊雑宮《いざわのみや》もあるのだが、日々の安全や病平癒など身近な祈願は、彼女たちの祖である海士潜女の神様と、神明神社の神仏にお願いしていたらしい。

海難事故が起きたときも、相差の海女は神明神社に詣でて祈る。

海での不幸があった際、海女たちは二日間、海に出ないで「潮日待ち」をする。

その間、浜にて石を拾い、ひとつに米、もうひとつの石に酒を〝飲ませる〟。そして、神明神社にて漁の安全祈願をするのだ。

ちなみに石に供え物を載せる行為は、少し形を変えながら、大晦日・正月・神事などでも行われる。

石の上に置かれる飲食物は、死者のためというよりは、龍神への供物であるようだ。

験担《げんかつ》ぎも重要だ。

一日の漁を終えるとき「最後に（もう一度）行ってくる」と言うのは、禁忌だ。

言うまでもなく、「最後」という言葉が死に繋がるからだ。

また、海に入るときは、必ず船の左から入り、左から上がるとも言われている。逆

上◉御料鰒調製所にある干場。
下◉穴の空いた石が奉納されている薬師堂の仏前。

に水死者を引き上げるときは、必ず右から上げるという。

　左右の意味づけは不明だが、生死の境は、船縁の位置の内にも潜んでいるのだ。

　潜る前には「ネズミ鳴き」という呪文も唱える。

『目で見る鳥羽・志摩の海女』（海の博物館編　海女振興協議会発行）には、こう記される。

「海女は潜水作業を始める直前、潮を口に含み、船端や磯桶の縁をアワビオコシで叩いて『チュッチュッ』『ツヨツヨ』といったネズミ鳴きといわれる呪文を唱えます。これも魔よけのまじないの一つです」

　また、昭和四十六年に岩田準一《いわたじゅんいち》が著した『志摩の海女』（鳥羽志摩文化研究会会長中村幸昭《なかむらはるあき》発行）には、潜水する前に杓で海水を汲んでなめ、船縁に振りかけながらチュッチュッとネズミ鳴きをする、とある。

「ツイヤショウジョウ」などと唱えることもあり、岩田氏はこれを魔除けと共に龍神に対する挨拶であると記している。

　これは一般に鼠鳴《ねずな》きとも呼ばれるマジナイで、海女にのみ伝わる呪文ではない。

　たとえば、夜に爪を切るときや夜道で不安になったとき、舌打ちのような音を出して魔を祓う。

この行為が魔除けとされる理由ははっきりしないのだが、海に限らず用いられてきたのは確かだ。

だが、話を伺った相差の海女さんの中には、「ネズミ鳴き」を知らない人もいた。

その一方で、神棚に供物を上げるときや、浜の石に酒を〝飲ませる〟ときなどに「ツイツイ」と唱えるという人もいた。

また、別の村の海女さんが、船縁をノミで叩いて「ツイヤー」と言い、海に入るのを見たと言った人もいた。

志摩には各地に漁場があるが、集落ごとにマジナイも微妙に異なっているらしい。

そんな海女のマジナイは細かく、数もまた多い。地域によっても微妙な差異がある。

祭り・神事も同様で、『海女、海神に願う　志摩半島の海女祭―祈り、魔除け―』（海の博物館編集・発行）には、志摩市と鳥羽市だけで二十四もの行事が掲載されている。

浜ごとに彼女たちは豊漁を祈り、海からもたらされる幸に感謝する。そして、何より海が穏やかであり、安全に漁ができるよう祈願する。

海は怖いところだが、それよりも頼もしい場所だ。

町の人たちは海そのものを「龍宮さん」と呼び、商売をさせてくれるところだと言う。

「海は手入れをしないでも、肥やしをやらないでもいい。龍宮さんは金持ちや」

そう言って笑った海女さんの顔は、海への親しみに満ちていた。

恐れと畏れ。

それ以上に海を愛し、仕事に誇りを持っているのが、志摩の海女たちに違いない。

傀儡・木偶まわし

人形・ヒトガタをした日本最古の遺物は、約二万年前、後期旧石器時代にまで遡《さかのぼ》るという。人は石や土を加工することを知ると同時に、ヒトガタをも作り始めたのだ。それから八千年ほど経った縄文時代に現れた土偶《どぐう》は、呪物として扱われたというのが通説だ。発掘される土偶にほとんど完品がなく、故意に破壊された形跡があるのが理由だ。そのことについて専門家は、人の怪我や病を土偶に移して破壊することで治癒を祈ったと推察している。

もしもそれが真実ならば、神社での夏越の祓えで行う、ヒトガタで体を撫でて厄を移す行為と同じだ。

また、古墳時代の埴輪《はにわ》は、殉死する人々の身代わりに作られたことが起源とされる。これもまた真実ならば、友引の日の葬儀にて、棺に「友引人形」を入れ、〝ひっぱられる〟のを防ぐ風習に根底では通じていよう。

我々は文字を持つ前から人形を作り、何万年もの間、人形に同じ眼差しを向け、同じ役割を期待し続けた。そこに玩具としての用途や、神や人の振る舞いを移す行為がいつ加わったかはわからない。が、人形が人の代わりなら、それに語りかけ、それに意思を見、舞わせるまでに、さしたる時間は要さなかったに違いない。

大分県の古要《こよう》神社と福岡県の八幡古表《はちまんこひょう》神社には、奈良時代、大和朝廷に背いた隼人《はやと》を平定するために、傀儡子《くぐつ》の舞を演じて隼人の気を引き、その隙に攻めたといった話が残っている。

両社は元々、大分県の宇佐《うさ》神宮（宇佐八幡宮）の末社だった。天平《てんぴょう》十六年（七四四）、平定後に怨霊化した隼人の魂を鎮撫《ちんぶ》するため、宇佐八幡宮にて放生会《ほうじょうえ》が始まると、古要・八幡古表の両社からは傀儡子の舞が奉納された。そのときの神事としての芸能が、今も両社に伝わっている。

傀儡とは操り人形のことであり、これを専門とする芸人を傀儡まわし、傀儡師、または傀儡子と呼ぶ。

傀儡まわしの発生時期は不明だが、平安時代には既に存在し、当時の官僚である大《おお》江匡房《えのまさふさ》は『傀儡子記《くぐつき》』にて、こう記している。

「傀儡子は定住していないで、守るべき家がない。穹廬氈帳《きゅうろせんちょう》によって水草をおっていって渡り歩いている。それはすこぶる北の狄民《てきみん》（異民族）の風習に似ている。男はみな弓矢を持ち、騎馬で狩猟を業としている。また、二つの剣をおどらせたり、七つ玉をもてあそんで、軽業のようなことをしたり、木人《ぼくじん》（人形＝木偶《でく》）を舞わせて、人間のわざをうまく真似させる。また、砂や石を金銭に変えたり、草木を鳥や獣に変えたりする幻術がうまい。

女は愁眉《しゅうび》・啼粧《ていしょう》・折腰歩《せつようほ》・齲歯咲《くししょう》をして、朱をつけ、白粉《おしろい》を塗り、歌を謳って淫乱な楽しみをくりひろげて、媚《こ》びを売る。父母や夫はそれを戒めない。行人旅客に会ったら、一宵の佳会を嫌がらない。（後略）」『女性芸能の源流　傀儡子・曲舞・白拍子』（脇田《わきた》晴子《はるこ》　角川選書）

軽業や手品を得意とし、女性は春をひさいだともあり、今の人形まわしとは同一視できない部分はあるが、ともあれ、平安時代には既に彼らは漂泊《ひょうはく》の芸能者として存在していた。

『傀儡子記』にはその活動拠点として、岐阜・愛知・兵庫・静岡など、広い範囲が記されている。しかし、戦国時代以降江戸時代に至るまで、一番多く名の挙がるのは、兵庫・西宮《にしのみや》の傀儡師だ。

宇佐八幡宮にゆかりを持つごとく、傀儡師たちは元々神事と縁が深かった。

西宮に抱えられた彼らは神社の裏手にある「産所《さんじょ》」に住みつき、雑役に奉仕する傍ら、人形を使って全国に「えべっさん（えびすさん）」の信仰を広めた。ゆえに、西宮の傀儡師は「夷《えびす》かき」「夷まわし」とも称された。

しかし、幕末辺りから彼らは徐々に姿を消し、今はゆかりの地に「史蹟傀儡師故址」という石碑と傀儡師の銅像が立つに過ぎない。

傀儡師像は、首に提げた箱の中から木偶（人形）を出す姿だ。

人形浄瑠璃《にんぎょうじょうるり》は大きな人形を使った小屋掛け芝居だが、門付《かどづ》け・大道芸として各地を回った傀儡師は、そういう興行は打たなかった。箱は木偶をしまう容器兼携帯舞台でもあったのだ。

江戸期の彼らはパペットのごとき人形を左右の手に嵌《は》めて、浄瑠璃を語った。そして、芸の最後に、毛皮で作った子猫ほどの人形を取り出し、「ヤンマンネツコニカンマンショ（山猫に噛ませよう）」と言って、子供たちを追いかけ、興じたという。

一方、人形浄瑠璃発祥の地となった淡路島には、室町時代後期に傀儡の技が伝えられた。

伝説では西宮の産所にいた百太夫《ひゃくだゆう》という傀儡師が淡路島の三條に渡って結婚し、我が子に芸を伝えたという。

「三條」は「産所」とほぼ同音であり、百太夫は傀儡師が祀る神の名だ。

『傀儡子記』には、傀儡子が百神を祀るという記述があり、『梁塵秘抄《りょうじんひしょう》』には百太夫の名が見える。

　由来は不祥だが、平安期から既に、傀儡師たちは百太夫を崇めていたらしい。

　ゆえに、淡路島の伝説を史実と絡めるのは危険だ。しかし、島に傀儡師が渡ったことは確実で、彼らの芸は「淡路人形浄瑠璃」として現在まで続いている。とはいえ、淡路人形浄瑠璃から、全国を行脚した傀儡師たちの姿を求めることは難しい。

　その形態を今に残すのは、徳島・阿波《あわ》の木偶まわしのみだ。阿波の木偶まわしは淡路島より伝わったとされているので、西宮系の傀儡の芸は海を渡って西へ西へと流れたことになる。

　現在、阿波には芝原《しばはら》生活文化研究所「阿波木偶箱まわし保存会」により、正月の門《かど》付《づ》け芸として「三番《さんば》叟《そう》まわし」が伝わっている。

　三番叟まわしの門付けは即ち、神が祝福を授けにくる姿だ。

　折口信夫は『国文学の発生』に「かうした夜の眞のおとづれ人は誰か。其は刈り上げの供を享ける神である。其神に扮した神人である。」と記している。

　収穫の終わりや節分、そして大晦日から元日にかけて、外からやってくる「マレビト」は新たな一年を言祝《ことほ》ぐ神だった。

かつて各戸を訪れる正月芸は、獅子舞や萬歳など、全国にあった。神に扮した芸人たちは、門を誉め、庭を誉め、徐々に家の奥に入って、すべてを誉め称え、祓い清めて、主人が用意した膳や祝儀《しゅうぎ》を神饌《しんせん》として受け取ったのだ。

多くは、芸人そのものが神を真似た姿を取るが、阿波の木偶まわしは人形を神の姿に作る。訪問するのは人間だが、家人が会って福を授かるのは人形からなのである。

元日から旧正月が明けるまでのひと月余り、三番叟まわしの芸人たちは約千軒の民家を訪れる。

木偶や鼓《つづみ》、紙札、御幣などが入ったふたつの櫃を天秤棒に振り分けて、担ぎながらの門付けだ。もっとも、近年は車を使うし、天秤棒が入らない家も多いので、昔ながらの徒歩道中というわけにはいかなくなっている。芸人たちの服装も、ダウンジャケットをはじめとした防寒着だ。それがよしとされるのは、主役が人形だからにほかならない。

徳島には、主要産業だった藍《あい》の売買で財をなした藍屋敷がある。いわゆる豪商・分《ぶ》限者《げんしゃ》と呼ばれるそれらの家にも、三番叟まわしは訪れる。否、天候により収穫が左右され、葉を発酵させる蒅《すくも》の出来によって品質が変わるのが藍だ。人の及ばぬところが多いからこそ、藍商人にとって、年頭の神による祝福は重要だった。

藍屋敷は大きなところでは、六百坪以上の土地を持ち、母屋や藍寝床など十棟以上の建物を有する。

正月、三番叟まわしの芸人は、その広大な家の周りに敷き詰められた玉砂利を踏み回って鼓を打って、予め神々の来訪を告げる。そののち彼らが門の前に立ったとき、藍屋敷の主人は正装をし、扇子を持って、裸足で迎え出たという。

裸足というのは、履物を履く時間も惜しいほど待ちかねていたという表現だ。

普段なら、門付け芸人は土地の財産家とつきあうこともない。しかし、正月のこのひととき、経済が支配する日常と両者の立場は逆転する。

理由は語るまでもない。来訪者が神となった人形であり、その人形を遣うことの許された唯一の人であるからだ。

三番叟まわしはふたり一組で、ひとりが鼓を打ち、ひとりが歌を歌いつつ、木偶を舞わせる。人形は千歳《せんざい》・翁《おきな》・三番叟・えびすの四体。その順番で遣っていき、三番叟の舞では、後半、黒式尉《こくしきじょう》の面を着ける。

「三番叟」という演目自体は能楽の祝言曲と同じであり、千歳・翁・三番叟という順番もまた同様だ。能における三番叟は狂言師《きょうげんし》が務めるもので、前半は面を着けずに舞い、やはり後半に黒式尉の面を着ける。

翁の面と共に、黒式尉は神の面として神聖視されている。それを既に神性を帯びている人形に着けるというのは興味深い。

「阿波木偶箱まわし保存会」の辻本一英《つじもとかずひで》氏に伺ったところ、徒歩で門付けをしていた時代、三番叟まわしは翌日あるいは来年のために、木偶を門付けをした家に置いてもらうことがあったという。預けられた家人たちは人形を神棚をはじめとした場所に安置し、疎かにはしなかったと聞いた。

しかし、芸人たちが最も神聖視するのは面だ。もちろん、木偶そのものも大切には扱うが、木偶は他家に預けても、面を預けることはないという。

人形を迎える側と人形を操る側の眼差しが、微妙に異なっているのは面白い。

能で伝承されている「三番叟」即ち「式三番《しきさんば》」は千歳・翁・三番叟までだが、阿波の「三番叟まわし」は、このあとにえびすの舞がついてくる。

これこそ、西宮系「夷まわし」が伝わった証だ。

ほかの三体の人形と、えびすは形も異なっている。えびすの木偶には足がついており、歩く動作が表現できるようになっているのだ。

舞の後、芸人はえびすを遣い、家人の頭や体を撫でて福を授ける。そののち、お札や御幣を渡し、三番叟まわしは終了する。

家々では、お札と御幣を神棚に上げ、芸人たちに祝儀を渡す。酒こそないが、振る舞いも出る。芸人を労るためではあるが、それは神々に少しでも長く留まっていて欲しいという気持ちの表れだとされる。

平安時代に記された傀儡子の芸は木偶まわしとなっただけではなく、猿楽・能狂言となり、陰陽師や歩き巫女《みこ》、神楽《かぐら》の源にもなった。

先に能の「式三番」を記したが、順番から言えば、能楽が先にあったのではなく、傀儡子の芸が先なのだ。

大江匡房『傀儡子記』には、傀儡女の得意とする歌として今様《いまよう》や催馬楽《さいばら》などと並べて「神歌《かみうた》・咒師《ずし》」の名を挙げている。

彼らは寺社に縁を持ったが、それは元々、彼らのうちに霊能が宿っていたからだ。

いや、ここは呪能というべきだろう。

神を招き、神と感応し、吉凶を操るマジナイの力を傀儡たちは持っていた。

実際、阿波の三番叟まわしも、「祈れないと扱えない。霊感がないと拝めない」のだと辻本氏は仰った。

人形を扱うとは、つまり、そういうことなのだ。

ゆえに三番叟まわしも、正月の祝福芸というだけの存在ではない。

芸人たちは頼まれれば、家を清める家祓いをし、荒神《こうじん》や水神、藍商人の祀る藍神なども拝む。その一連の祈禱の中には、すべて木偶まわしが入っている。

豊作を祈る「ノバセワラ」という作法では、三番叟の木偶に藁《わら》を踏ませる。そうすることで藁に力がつき、その力のついた藁で稲をもたせるのだと聞いた。

また、場合によっては、芸人は雨乞《あまご》いを頼まれることもあった。その場合は、水に関係する芝居をやるという。

門付けのほか、木偶まわしは人形浄瑠璃も行っている。そのときに用いる人形は、人の背丈ほどもある大きなものだ。現在、二十ほどの演目が伝わっているとの話だが、雨乞いで使うのは、その人形だ。娯楽としての演目・舞台・人形が、そのまま神事に用いられるのだ。これもまた、彼らの持つ呪能ゆえに可能なことなのかもしれない。

伺った話によると、阿波の三番叟まわしは、土佐に伝わる「いざなぎ流」とも関係しているという。

「いざなぎ流」は陰陽道の要素を含んだ土佐独自の信仰だ。「式王子《しきおうじ》」と呼ばれる多種多様の御幣と祭文《さいもん》、呪法を持つ信仰については小松和彦《こまつかずひこ》氏等の研究に詳しい。

これに携わる人々のありようは複雑で、とても書き切れるものではないが、我々一般の認識は祈禱・呪術集団に近い。

そのいざなぎ流と木偶まわしが如何なる交流を結んでいたのか、その詳細は不明だが、通じるものがあるというのは感覚的に理解はできる。

両者共に、祭儀を行う上で一番重要なのは、祈れるかどうか、ということだからだ。

今、三番叟まわしを伝えている中内正子《なかうちまさこ》氏の師匠は、修験道の大先達《だいせんだつ》であったと伺った。

猿や鹿などの害獣から田畑を守るため、師匠は木偶まわしのほかに、九字を切って祈禱をしたという。

また、跡を継いだ中内氏の祖母自身、祈禱師であったとも聞いた。

実際、辻本氏に案内された木偶まわしが住む村には、占い師や祈禱師が多くいたらしい。村の出身者が構えた祈禱所も、つい最近まで機能していた。

木偶まわしもまた、いざなぎ流と同じく民間陰陽師的な側面を持っていたのだ。

そんな彼らが得意とするのは、招福と祓い清めだ。

束の間だが、私たちは中内氏にえびすの木偶を回してもらった。

彼女が人形を持った瞬間、まるで魂が入ったごとく、人形は福の神・えびす様として動いた。宙を歩く様子など、満面の笑みを湛《たた》えた神様がスタスタ歩み寄ってくるようで、思わず声を上げたほどだ。

「手を出して」と中内氏に言われるまま、私はえびす様の前に両手を出した。と、彼女は「福が沢山授かりますように」と言いながら、人形の小さな手で、私の頭、両手を叩き、それから右の肩を叩いたのだ。

えびす様に触れられると、病や怪我が治ったり、軽くなったりする。そのため、悪いところのある人は三番叟まわしのとき、その箇所を自然と差し出すようにするという。それで、黒く変色していた爪が治ったという話も聞いた。

実は取材当時、私は右肩の筋を痛めていた。鈍痛はあったが、不自由するほどではなかったために、誰にも言っていなかったのだ。にもかかわらず、一番痛いその箇所を、過《あやま》たずにえびす様は叩いてきた。連れの編集者を見ると、彼らが触れられているのは頭と手だけだ。

不審に思ったものの、そのときは何も言わずに取材を終えた。が、翌朝、痛みが軽減しているのを知って、私は中内氏にそのことを告げた。

「なんで、わかったんですか？」

自然に体が動いただけだ、と彼女は答えた。そして、「えびすさんに、お礼を言っておきます」と微笑んだ。

上◉江戸時代から続く藍商の屋敷「田中家住宅」。
下◉えびす人形を実際に操ってもらう。

やはり、主体は人間ではなく、木偶に宿った神にあるのだ。

木偶まわしの人形は、一年に一度回さないと（舞わせないと）よくないことが起きると言われる。

これは、東北に伝わるオシラサマと同様だ。

オシラサマは桑《くわ》の木で作った棒の先に、男女の顔や馬の顔をつけ、布の衣をつけた人形で、一般に蚕神《かいこがみ》とされている。

祭りの日は本家の女性またはイタコが神寄せの呪文を唱え、祭文を謡いつつオシラサマを踊らせる。

これを現地では「遊ばせる」と称するが、木偶まわし同様、年に一度は遊ばせないと悪いことが起きるとされている。

オシラサマもある種の木偶だ。それらの器に年に一度は神霊を降ろすということが、人形にとっても人にとっても大切な約束なのだろう。

人形は神の依り代《しろ》だが、操る人も尸童《よりまし》となって神の意を木偶に伝えていく。

尸童は一種の容れ物だ。

実際、中内氏の師匠は普段でも、洗濯物の下は（不浄だから）通らない。臭いの強いものは食べない。「プク（不幸・忌中・喪中）」と聞いただけでも、その場から飛び出して逃げたという。

穢れを強く意識して、神の器としての己を汚さぬよう、努めていたのがよくわかる。

とはいえ、容れ物であるゆえに、彼ら自身が穢れや厄を身代わりとなって受けることもあったと聞いた。

子連れの門付けが許されていた時代、彼らはちょうど、麻疹《はしか》に罹《かか》るくらいの年の子を連れ、門付け先に麻疹の子供がいると、それを移して帰ったという。

当時、麻疹は場合によっては命をも落とす病であった。そして、俗信では、それを誰かに移すと軽くなる、または治りが早いとされていたのだ。

また、潜んでいる厄を予め持ち去ってもらうため、芸人に嫁入り道具の布団に寝てもらう風習もあったという。

芸人は自分の子供を使って、あるいは自分自らが厄神の器となったのだ。人形のみならず、人形を遣う芸人そのものも、祓いのヒトガタなのである。

但し、吸い取った穢れを自分で浄化できないと、その芸人は死ぬことになる。ゆえに彼らは普段から、呪能というアンテナを研ぎ澄ましているわけだ。

市井の人々が折に触れて三番叟まわしを頼み、正月の門付けを心待ちにする気持ちがわかる。

しかし、「『門付け』は必ずしも歓迎されたわけではない」。

これは、青森県出身の民俗学者田中忠三郎《たなかちゅうざぶろう》が、高橋竹山《たかはしちくざん》との交流の中で綴った一文だ。

「それどころか、多くの場合は無視されるか門前払いされる。施しどころか、差別的な言葉を浴びせかけられたり、罵倒されることも珍しくない、精神的にも肉体的にも苛烈きわまりない仕事である。」『物には心がある。消えゆく生活道具と作り手の思いに魅せられた人生』（アミューズ エデュテインメント）

津軽三味線の第一人者として、死してなお君臨する竹山ですら、門付け時代は厳しかった。

彼の目が不自由であったこと、放浪する社会的弱者であったこと。また、芸に対する対価というより、施しという意識のほうが市井に強かったのも差別の一因だ。

三番叟まわしの芸人たちも、村落単位のコミュニティを持ちつつも、折々いわれない差別を受けた。

だが、その理由のひとつは、三味線弾きの門付けとは別のところにある。

——畏怖と恐怖。

侮辱的なことを言われたとき、三番叟まわしの芸人は三番叟を逆さに振ることがあるという。そして、逆さに振られた家は「三年もたない」と伝えられる。

罵声を浴びせた人が考えを改めて、「三番叟を逆さにしないでくれ」と言って詫びたというエピソードも伺った。文化として三番叟が根付いていた時代、その行為がどれほど恐ろしい呪いであるか、皆が知っていたからだ。

また、実際にあった話として、普請中の家に門付けに行った木偶まわしに、大工が「ド邪魔になる！」と怒鳴ったところ、足場を上がりきらないうちに、大工は落ちて大怪我をした、と。

竹山を邪険に扱っても、呪われる心配はないだろう。しかし、木偶まわしは違う。疎かに扱えば、厄を被る。

無論、木偶まわしでも、人を呪えば呪いはその身に返るという。が、それでも時には堪えきれず人を呪うときもあろうし、呪わずとも、彼らの背後にいる神が、不敬を働いた人間に罰を下すこともある。

――以前、正月の門付けに、迷惑そうな素振りを示した商家があった。翌年、木偶まわしはその家を素通りしたために、商家の主人は理由を尋ねた。

「三番叟さんが『行かん』と言うとる」

木偶まわしはそう答え、その商家はほどなく潰れたという……。

敬われる反面、異能者が恐れられるのは、その力が正にも負にもなるからだ。

人形もまた、同じだろう。

神も宿れば、魔も宿る。人の穢れを吸い取りもすれば、人を呪う道具にもなる。

ゆえに、言葉を持たない時代から、人形は特別なものだったのだ。

そして、古《いにしえ》より、途切れることなく続く芸能——木偶まわしもまた、特別な力を持つ存在なのだ。

舞妓

祇園《ぎおん》。

京都を語るとき、必ず誰かが口にする地名だ。

そして、舞妓《まいこ》。

京都という場所のイメージを代表する存在だろう。

だが、実際、京都観光に訪れた人のどれほどが本物の舞妓さんと会い、お茶屋に入ることができるのか——皆無に等しいに違いない。

原因はよく言われるとおり、「一見《いちげん》さんお断り」という伝統的なシステムにある。

そして、「一見さん」でなくなるための方法すらわからないため、外から見たときの京都花街は実態が見えないままなのだ。

『京都　舞妓と芸妓の奥座敷』（相原恭子《あいはらきょうこ》　文春新書）には、祇園の「一見さんお断り」について、いくつかの理由が述べられている。

　そこでまず、第一の理由として挙げられるのが、芸妓・舞妓を呼んで飲食をする「お茶屋」が、「おかあさん」と呼ばれる経営者が暮らす私邸であることだ。ゆえに、観光客が一般家屋相当であるお茶屋の中を見学することは叶《かな》わない。

　また、女所帯というのも大きい。

芸舞妓たちの生活の場は「置屋《おきや》」と言う。お茶屋を兼ねていることも珍しくなく、この場合は舞妓や芸妓もそこで寝起きすることになる。そういう場所へ、九割九分男性である客を迎えて酒宴を開くわけだから、面識のない人を簡単に迎え入れることはできないのだ。

　加えて、お茶屋遊びは原則ツケ払いとなる。そのときどきに領収書を切るような精算はしないし、代金も即座にいくらになるかはわからない。

　このため、はっきりとした居場所や連絡場所がわからない客を饗応《きょうおう》するのはリスクが伴う。逆にお馴染《なじ》みになれば、財布を持たなくても、食事や土産《みやげ》、宿泊代までアレンジして立て替えておいてくれるのが、お茶屋だ。

　つまり、それだけの人間関係を築き上げ、各人に合ったもてなしをするためにも、一見さんでは困るというのが京都花街の感覚なのだ。

　ゆえに、初めてお茶屋に行く人は知人に同行したり、その紹介を受けて行く。旅館や料亭に頼んだり、直接、お茶屋に行って要望を伝えることもできるというが、だからといって、「わかった。じゃあ、お茶屋遊びをしてみよう」と思う人はほとんどいないだろう。

今どき、財布の中を気にせず遊べるお大尽《だいじん》も多くはあるまい。いや、金持ちはいるかもしれないが、ひとつのお茶屋と長くつきあい、信頼関係が築けるようなスマートな遊び方のできる人は、なかなかいないに相違ない。そういう意味でも、京都の花街は取っつきにくい存在なのだ。

当然ながら、花街は女性にとってもハードルが高い。

舞妓さんと遊んでみたい女性は沢山いるのだが（私もそのひとりだ）、たとえ受け入れられたとしても、お互い勝手がわからないので難しい部分があるだろう。

女性にとっては、お茶屋遊びをするよりも、舞妓になるほうが間口が広い。

昔は縁故やコネを辿って入った世界だが、今ではインターネットで募集を掛けているお茶屋もある。組合に問い合わせることも可能だ。

実際、花街のひとつである宮川《みやがわ》町は、ネットで申し込みを受けつけている。従来の方法を踏み越えて、全国から人を募った結果、宮川町では美人が増えているといった話も聞いた。

「一見さんお断り」でも、変わるところは変わっているのだ。それでも、入ってみなければ見えない部分が多いので、やはり、外から眺めた花街は謎ばかりという印象だ。

京都花街の歴史は古い。

その京都にて、最古の花街と言われるのが上七軒《かみしちけん》だ。

――室町時代、北野《きたの》天満宮《てんまんぐう》の一部が焼失した。修理造営のための木材を払い下げ、その参道に七軒のお茶屋が開業した。

当時、七軒茶屋と呼ばれたそれが、上七軒の始まりだ。

天満宮には古くから「神子《みこ》」とも記された童女がおり、人に託宣《たくせん》を下していた。そんな彼女らは、成人して巫女の役を離れたのち、社《やしろ》の周りで茶立て女になるなどして生計を立てた。やがて、そこに神子を経ずして女たちが集うようになり、上七軒の芸妓となったのだ。

神子、即ち巫女が芸妓になるという変遷は非常にわかりやすい。

元々、芸能は神事とは切り離せない関係にある。歌舞音曲は神を招き、神を喜ばせるためにあり、それらを担う人はその始めから饗応の役を担っていたのだ。

神をもてなす行為は次第に、尊い人をもてなす行為に移行していく。時代が下るに従って、芸能とその担い手は神や貴人の接待から一層大衆化して、最終的には芸能者や遊女らがシャーマンの役割をも果たすという、逆転現象が起きていく。

巫女舞を原点とする白拍子《しらびょうし》が芸を売り、身をも売ったのは、その流れの中での当然だ。上七軒の巫女が引退後、芸妓となっていったのも同じ流れの中にある。

花街の土台には、神と人との交感の歴史が眠っているのだ。

祇園甲部《こうぶ》・祇園東・上七軒・先斗町《ぽんとちょう》・宮川町・島原《しまばら》。

京都には六つの花街がある。日本最古の公許遊郭であった島原は、現在、花街としては栄えていないが、島原と上七軒を除いた四箇所は皆、八坂《やさか》神社から四条《しじょう》大橋周辺地域に集まっている。狭い地域の中、四つの花街はそれぞれ微妙に異なった特色を持つ。その中、最大の規模を誇るのが祇園甲部だ。

祇園甲部は十七世紀後半、水茶屋《みずぢゃや》を起源とする茶屋営業から始まったとされている。少なくとも三百年以上、花街として存在しているわけだ。

そういう場所にまつわる伝説やマジナイはどのようなものなのか。

舞妓姿の特徴として、だらりの帯と「おこぼ」――一般では「ぽっくり」または「こっぽり」と呼ばれる独特の形の履物がある。その着物や簪《かんざし》類の意匠は一年十二ヶ月四季折々の季節を映し、行事や年齢による細かい差がある。それらを花街のマジナイと結びつけてもいいのだが、生憎《あいにく》、和装全般に通じるものがほとんどだ。

一般人でも着物ならば季節感は重視されるし、和服に限らず、晴れ着や祝いの場における正装には、格式のある吉祥文様や福を招くチャームが用いられる。

ゆえに、黒紋付の裾模様が松竹梅《しょうちくばい》や青海波《せいがいは》であっても、帯が七宝繋《しっぽうつな》ぎでも、花簪が春が桜で秋が紅葉《もみじ》であったとしても、舞妓ならではとは言い難い。

花街の女性は厄年である数え十九歳、大厄の数え三十三歳に七色や鱗《うろこ》模様の入った伊達《だて》締《じ》めをつけるという話だが、これもまた、和服としては当たり前の風習だ（一般的には、着物や帯の柄に用いることもある）。

ただ、近年は日常的に着物を着る機会が減ったため、そういった決まり事も大分曖昧になっている。成人式の振袖ですら華やかさのみを追求し、伝統的な形からは遠のいているのが現状だ。ゆえに、舞妓・芸妓たちの姿が殊更人の目を引くのだろう。

正直な話、舞妓さんたちのほとんどは生粋《きっすい》の京都人でも、花街生まれというわけでもない。

そのため、しきたりや作法はすべて、お茶屋に所属したのちに教わっていく。生来、身に染みついた慣習というものではないために、時代に摩耗《まもう》して消えていったものも少なくないと思われる。

しかし、一方、祇園には土地の力というものがあり、伝統を引き継いでいこうとする人の心もまた強い。その力によって保たれている言い伝えや風習もある。

その辺りを祇園甲部にて舞妓をなさっていた桐木《きりき》千寿《ちず》さんに伺ってみた。桐木さんは豊千代の名で一世を風靡《ふうび》した名妓で、現在は祇園コンシェルジュとして、花街のPRに努めている。

伺ったお話は、客商売ならではのものと着物にまつわるものが多かった。

まず、験担《げんかつ》ぎから記していこう。

着物を着付けるとき、何かの拍子で腰紐に結び目ができてしまうときがある。そういうときは解《ほど》かずに、そのまま着物を着る。これはお客さんと「結ばれる」「ご縁がある」という験担ぎで、わざわざ結び目を作り、着物を着ることもあったという。

掛かったお座敷に女が六人、男ひとりとなったときは、「逆七福神」になったとして、縁起が良いと喜んだという話も聞いた。

逆に、お座敷から出るとき、草履が裏返っていると、縁起が悪いとして嫌ったという。

偶然に吉凶を見るだけではなく、もう一歩、積極的に行うマジナイもある。

こちらは主に厄除けだ。

お茶屋と信頼関係を築いたお客でも、嫌なお客さんはいる。そういう人に早く帰ってほしいときには、平打ちの簪を裏返しに挿して出る。

箒《ほうき》を逆さに立てることもあると聞いたが、これは一般でもすることだ。

『京都　舞妓と芸妓の奥座敷』には、お座敷が長引かないように、いつもとは反対の足からお座敷に入るとも記されている。

　また、お座敷とは別に、舞妓たちは「みられ」という習慣で、お茶屋に呼ばれることがある。

「みられ」は「旦那になってみたいものの、目下のところ特に気に入っている芸舞妓がいないというような場合、お茶屋に頼んで、選んでもらった芸舞妓と顔合わせ」(前掲書)することを言う。

　選ばれることを「あたる」、選ばれなかった場合は「はじかれる」と言うらしいが、今の時代、あたったからと言い、唯々諾々と男の援助を受け入れる女性は多くない。ゆえに、あたりたくないときは、客を追い返すマジナイ同様、簪を裏返したり、また、左手だけで左側の帯揚げを結んで帯の中に入れたという。

　左手で結ぶという行為は、お神籤《みくじ》で「凶」を引いたとき、木の枝などに結びつけるときにも行う。

わざわざ利き手とは逆の手で苦労して結び目を作るのは、それを苦行とし、その対価として厄を祓うというマジナイだ。

お神籤の場合は、悪い結果を引いたあとの厄除け。「みられ」の場合は、予め代償を先払いして、難を避けるマジナイとなる。

結び繋がりでは「待ち人」という占いもある。これも相原氏の著作から引用しよう。

「好きな人が、今晩お座敷へ呼んでくれるかどうかを芸舞妓たちが占う遊び。細長く紙縒《こよ》りにした和紙を両方から結んで、両端を引っ張り、抜けてしまわずに結び目が堅く閉じれば、待ち人が来るという。

逆に抜けてしまうとハズレになるのだが、誰でも良い方へ希望を持って物事を解釈したいものである。抜けてしまったら『抜けて（お座敷へ）来はる』と良きに解釈して、自分を納得させることもあったという。

あるおねえさんによれば、お正月の三が日に、この占いが当り、好きな人がお座敷に会いに来てくれたならば、その年には引かされる（芸妓を辞めることができる）と占った人もいたという。」

並べてみると、花街では「結ぶ」という言葉や行為を意識しているのがわかる。

人との繋がり・縁あっての客商売なのだから、良い人と縁を結ぶのが何より大切なのだろう。

準備や難しい作法のいらないマジナイが多いのも特徴だ。簪を裏返しにするなどは、歩いている途中でもできる。

舞妓という仕事は、以前に紹介してきたマタギや海女などとは違い、命懸けの仕事ではない。だからこその手軽さだし、手軽にできるマジナイのみが残っていく。

いや、もっと手の込んだ作法もあるかもしれないが、残念ながら文献を見出《みいだ》すことは叶わなかった。

祇園甲部・祇園東・先斗町・宮川町の花街は八坂神社に近く、舞妓・芸妓は社寺の行事や祭りにも関わっている。

とはいえ、普段から神社仏閣と縁が深いわけではない。上七軒のような成り立ちを持つ花街はともかく、社寺の周辺に花街・色町ができるのは参詣《さんけい》客を当て込んでのことだ。

昔も今も寺社詣では観光であり、行楽のひとつだ。行楽客の集うところには、当然、飲食店や娯楽施設も集まってくる。

京都に限らず、全国各地の歴史ある花街が神社仏閣の側《そば》にあるのも、商売になるからという理由によって成立している。

京都も同じだ。しかし、だからといって、舞妓は社寺に見向きもしないというわけではない。

祇園の中心、白川に掛かる巽橋《たつみばし》の側には、辰巳大明神《たつみだいみょうじん》が建っている。ここは伎芸上達にご利益があると、芸舞妓の信仰を集めている場所だ。

創建年代は不明。橋に棲んでいた悪戯《いたずら》狸を鎮めるために建てられたという伝説と、御所の巽の方位を守護するために建てられたという、ふたつの縁起を持つ場所だ。

現在は稲荷社となっており、玉垣にはびっしりと芸舞妓の名前が連なる。訪れたときも、花街の人らしい年配女性が静かに手を合わせていた。

一方、縁結びのご利益があるとして信仰を集めているのが、知恩院《ちおんいん》奥にある濡髪大《ぬれがみだい》明神《みょうじん》だ。

こちらも同じく稲荷神社だ。京都には社寺がごまんとあるが、現世利益ならやはり、お稲荷様が良いのだろう。

桐木さんの話では、馴染みの美容師さんが当時人気俳優だった中村《なかむら》（萬屋《よろずや》）錦之助《きんのすけ》の大ファンで、濡髪大明神に「会わせてほしい」と熱心に願掛けしたところ、あるとき、錦之助が髪を染めにお店にやってきたという。

つまりは、ご利益抜群なのだ。

美容師さんの願いが叶ったように、こういう神社のご利益は舞妓・芸妓に限らない。

辰巳大明神も濡髪大明神も、今どきのパワースポットとして充分通用するに違いない。

花街至近の八坂神社には、無言参りの作法が伝わる。

祇園祭の始まる毎年七月十七日。その神幸祭《しんこうさい》に八坂神社からの神輿が四条京極《きょうごく》の御《お》旅所《たびしょ》に渡御《とぎょ》し、二十四日の還幸祭《かんこうさい》まで、そこに留まる。

その間の晩方に、舞妓たちは家から御旅所まで無言で行って参拝し、また無言で家まで帰ってくる。七日間、無言のままでお参りできたら、願いが叶うというものだ。

願うことはなんでもいいが、男女間の願い事は良くないとも言われるらしい。

本来の無言参りは、お百度参りと共にハードルの高い願掛けだ。が、舞妓たちのそれは半分ゲームのようなもの。誰かが無言参りをしていると知ると、皆で声を掛けたりして邪魔をするという。想像すると、若い女性たちの笑い声が聞こえてくるようで、微笑ましい。

特定の社寺とは繋がらないが、売れない舞妓が客を招くためのマジナイもある。

東西南北をさす十字路に立ち、しゃもじを袖の中に忍ばせて、おいでおいでと「招く」のだ。

上下◉伎芸上達にご利益があると芸舞妓の信仰を集める辰巳大明神。

これは桐木さんが現役のときより前の時代にあった話で、現在はもう聞かないという。

昔の祇園は、日中、ほとんどひと気がなかった。だからこそそのマジナイで、今のように朝から晩まで観光客で賑わっていては、とてもできることではない。

客を招くこの作法は花街ならではのものだろうが、それ以外のものは前述通り、一般人にも許されている。ただ、市井でこれらのマジナイがどこまで残り、伝わっているのか、現在では覚束《おぼつか》ない。

着物同様、伝統を守る花街だからこそ、昔ながらの言い伝えが残っているといえるだろう。

芸舞妓たちの姿には、遥か古《いにしえ》の巫女としての霊力も、少しだけ跡を留めている。

一月七日、舞妓・芸妓は黒紋付を着て、本物の稲穂を簪として髪に挿す。舞妓は右側前方、芸妓は左側前方だ。

この稲穂の米を三粒もらって、紙にくるんで財布に入れると、お金が入ってくるとされている。

かつて神に通じた芸能を司《つかさど》る女性、その霊力の拠り所である黒髪に、挿頭《かざし》として挿された稲穂。重要な神饌《しんせん》でもあるその米粒を、松の内に頂くことで、強力な招福の呪物としたのだ。

芸能者としての神性はいまだ確かに、その姿の中に保たれている。

興味深いお話を桐木さんから伺い、最後に、私は尋ねた。

「お茶屋さんに伝わる怪談はありませんか」

すると、桐木さんは当然という顔で頷《うなず》いて、お茶屋はどこでも最低ひとつは怪談があると仰った。

インタビューさせて頂いたのは、お茶屋を改装したバーだ。開店当初、防犯センサーをつけたところ、立て続けに警報が鳴り、毎晩、警備会社の人が確認しに来た。霊感のある人は井戸の側にお婆さんがいると言ったが、その程度のことならば、誰も気にしないという。

古い町には古いしきたりや慣習、マジナイと共に、古い空気が残っている。それらを大切にするからこそ、幽霊話も日常の一環として受け入れられるのだ。

マジナイもまた、小さな験担ぎを大切にして、否定せずにいるから残る。「馬鹿馬鹿しい」と言われれば、即座に消え失せるような、市井の迷信や験担ぎ——。

吉祥文様で埋め尽くされた芸舞妓たちの晴れ着同様、彼女たちは意識せずともそれを身に纏《まと》い、伝えていく。
そのことが、祇園をはじめとした京都花街の雰囲気を作っているのではなかろうか。

酒造り

「御神酒《おみき》あがらぬ神はなし」との言葉がある。

酒は、そのはじめから神と深く繋がっていた。

特に日本では、酒の原料となる米そのものが重要な神饌となっている。ゆえに米から作られたもの――餅も酒も神聖視され、神への供物とされたのだ。

世界を見渡せば、酒には様々な種類がある。だが、日本の酒は古代からほとんどが米で造られていた。米の聖性を重んじたという理由ももちろんあっただろうが、どうもそれだけではないようだ。

近代以前の日本では、果実酒すらあまり造られなかった。

山梨県勝沼《かつぬま》地方のブドウは江戸時代から栽培されて名が通っていたにもかかわらず、そのほとんどは生食用でワインにはならなかったという。

焼酎《しようちゆう》も同様。江戸時代まで、芋でも麦でも酒は造られなかった。ビールもない。香川では麦酒があったというが、アルコール度数は低かったようだ。

麦は米の裏作として栽培可能な穀物なのだが、「のぎ」と呼ばれる毛の処理をはじめ加工に手間が掛かるため、酒造りには至らなかったらしい。

無精と言えば無精だが、ビールはアルコール度数が低いことに、どうも問題があるようだ。

『酒（ものと人間の文化史）』（吉田元《よしだはじめ》　法政大学出版局）によると、日本で造られる米の酒はアルコール度数約二十度と、蒸留しない醸造酒の中では世界で最も高い。

ゆえに、日本の酒は何よりも「酔う」ことを優先して造られたという。

幕末、日本を訪れた外国人の手記には多く、日本人が昼日中から酔っ払っていることが記されている。酩酊の度合いが甚《はなは》だしいと記された文献もひとつではない。

『日本全国酒飲み音頭』というのがあるが、この歌どおり、日本人は理由があろうがなかろうが、酒が大好きだったのだ。

大都市に限った話ではあるが、既に平安時代の市中には商業的酒屋が散在していた。室町時代に描かれた『七十一番職人歌合《しちじゅういちばんしょくにんうたあわせ》』では、酒売りの女性が描かれている。

「段掛《だんが》け・寒造《かんづく》り・諸白造《もろはくづく》り・火入《ひい》れ」という、日本酒の醸造工程が開発されたのは戦国時代末期のこと。これによって、日本酒はほぼ現在に近い姿になった。

革命的なその新技術を開発したのが、阿修羅《あしゅら》像で有名な興福寺《こうふくじ》とその塔頭《たっちゅう》だ。当時、興福寺の酒は一流ブランドとして流通していたという。

資料によると、醸造元である塔頭同士の酒の貸し借りや販売もあり、僧侶たちも相当呑んだ。呑まない日が珍しいほどで、「酒損」ゆえに死亡した僧侶も沢山いたという。

なぜ、僧侶が酒を醸造したのか。死ぬほど酒が呑めたのか。不飲酒戒《ふおんじゅかい》はどうなっているのか……。

その辺りは追及しないでおきたいが、宮中及び神社では、古代から酒は造られていた。神仏習合時代なら、そこに僧侶が参入しても不都合はなかったのかもしれない。

ここで、宮中の酒造りをやや詳しく見てみたい。

遺構は造酒司《みきのつかさ》井戸として、平城京《へいじょうきょう》に遺っている。酒の製造は「造酒司」という者が担当し、その作業は神事に直結する。ゆえに、酒にまつわる施設には多くの神々が祀られた。

即ち、醸造用水を守る酒彌豆《さけのみつ》男神《おのかみ》・酒彌豆《さけのみつ》女神《めのかみ》。酒甕《さかがめ》の神である大邑刀自《おおたわめ》・小邑刀《こたわ》自《め》・次邑刀自《つぎたわめ》。そして、竈神《かまどがみ》が四座祀られた。

その神々をどう奉祭したのか、資料は残っていない。しかし、宮中祭祀中最重要の神事である大嘗祭《だいじょうさい》――天皇即位時における記録はある。

近代以降の大嘗祭にて、以下の行事がどれほど継承されているかは不明だが、

『酒』に記された資料をもとに、その詳細を記してみよう。

小難しい言葉が並んで恐縮ではあるものの、大嘗祭において酒造りが如何に重要な位置を占めるか、わかっていただけると思う。

まず、大嘗祭は天皇即位が七月以前の場合はその年に、八月以降は翌年に行われる。大嘗祭の神饌となる作物——特に米の栽培時期を鑑《かんが》みて、時期を定めるゆえである。最初、卜定《ぼくじょう》によって大嘗祭の神饌・神酒用の御稲《みしね》を栽培する悠紀《ゆき》・主基《すき》両国の斎田が決定される。

斎田の御稲を抜き取るのは「抜穂使《ぬきほし》」という役職だ。彼らは八月下旬に都を出発し、定められた斎田に向かう。

抜穂使一行は、造酒童女《さかつこ》・酒波《さかなみ》・篩粉《ふるいこ》・多明酒波《ためのさかなみ》・稲実公《いなのみのきみ》など、酒造りに関係ある仕事をする人々で構成され、造酒童女は悠紀・主基両国に当たった郡の未婚の娘を充てることになっている。

造酒童女は、すべての儀式の冒頭にまず手を下す重要な役だ。

九月下旬に抜穂使が戻ると、斎場を建てる土地の地鎮祭を行うが、そこで最初に鍬を取って四隅の柱穴を掘ることも、造酒童女の役割だ。山に入って材木を採るため、最初に斧を取るのも造酒童女だ。

記録では、平安時代末期、高倉《たかくら》天皇が即位したときの造酒童女は十三歳だったとある。

酒造りには、童女の霊的な能力が必要不可欠とされていたのだ。

斎場には内院と外院が建てられ、それぞれの作業のための部屋が造られる。両建物を囲んだ垣根が巡らされ、また、門が設けられる。

保温のため、麴室《こうじむろ》だけが塗り壁となるが、他の建物はすべて樹皮を剝がしていない黒木の柱と草で造る。

井戸も掘る。その井戸も、造酒童女が最初に鍬で掘ることと定まっている。

そしてそれぞれの場所に井戸の神・竈の神を祀り、酒を醸し始める日には酒の神を祀ったのち、酒造りに取りかかるのだ。

——土地を選び、人を選び、建材を選び、すべてをその日のために調える。

大嘗祭だからこそと言えるだろうが、米と酒にここまでの配慮をするのは、空恐ろしいものを感じるほどだ。

これを農耕民族だからという理由ひとつで括ってしまっていいのだろうか。

伊勢神宮にも、造酒に関する祭事がある。

内宮《ないくう》には酒を造る御《み》酒殿《さかどの》があるのだが、ここでは現在でも六、十二月の月次祭《つきなみさい》、十月の神嘗祭《かんなめさい》において白酒《しろき》、黒酒《くろき》、醴酒《れいしゅ》、清酒が造られている。また、神嘗祭では神職が外宮《げくう》の忌火《いみび》屋《や》殿《でん》で酒を醸造する。

白酒と黒酒が本来どのような酒であったのか、今現在は伝わっていない。白酒を清酒、黒酒を濁り酒とする文献もあれば、黒酒に灰や黒ごまを混ぜるとする説もある。要は陰陽をはじめとした「対《つい》」を好む神事の志向が、酒の種類にも及んだのだ。

そのため、今も白酒と黒酒は神社によってそれぞれ異なり、伊勢は伊勢の方法でふたつの酒を造っている。

白酒を造る役は酒作物忌《さかとくのものいみ》、黒酒は清酒作物忌《きよさかとくのものいみ》と呼ばれ、この役はいずれも造酒童女同様、神に奉仕する童女が就く。

このように、現在の伊勢神宮における酒造りは宮中祭祀に近いため、かなり厳密なものになっている。しかし、少し前までは、伊勢のみならず、全国の神社がそれぞれの形で酒造りの作法を持っていた。

ただ、戦後の酒税法により、現在では神社であっても、これを造るためには酒類製造免許が必要となった。なおかつ、毎年、厳密な検査を受けねばならないために、今はほとんどの神社が市販の酒を用いるようになってしまった。

清酒の製造免許を有するのは、現在、伊勢神宮・出雲大社《いずもたいしゃ》・千葉県南房総《みなみぼうそう》市の莫《な》越山《こしやま》神社の三社のみ。

その他、春日大社《かすがたいしゃ》・大神《おおみわ》神社・香川県三豊《みとよ》市の宇賀《うが》神社・長野県茅野《ちの》市の御座石《ございし》神社などが神酒を造るが、これらはみな税法上は「その他の雑酒」、つまり濁り酒となっている。

春日大社には、春日祭に供する社醸酒《しゃじょうしゅ》を造るための酒殿《さかどの》がある。ここでは濁り酒の即製酒「一宿酒《ひとよざけ》」と、時間を掛けて醸造する「社醸酒」が造られている。

また、大神神社では酛《もと》を省略して酵母を加える「酵母仕込法」と呼ばれる製法で、神酒が造られている。

これらの現場において、どのような神事・マジナイが行われているかはわからない。だが、それで終えては元も子もないので、『酒の日本文化　日本酒の原点を求めて』（神崎宣武《かんざきのりたけ》　角川選書）に依って、岡山県美星《びせい》町の宇佐八幡神社における「一夜酒」の製法を見てみよう。

ここの酒は、祭りの宵宮《よいみや》で造られる。

宵宮の祭事が終わった後、ひとりの神主が衿に祓い串を挿し、榊の葉を一枚銜えて本殿に昇る。

そして祝詞を述べ、勺桶《しゃくおけ》（小桶）に少量の飯を入れて麹を振りかける。それを三回ほど繰り返して箸でかき混ぜたのち、呪文を唱えながら、中央を高く盛り固める。最後に奉書《ほうしょ》を被せて水引で封じ、あらためて三宝《さんぼう》に載せて神前に供える……。造られた酒は、翌日の本祭典が終わったあとの祭員の宴で、水で薄めて煮立てたものを一匙《さじ》ずつ飲むという。

呪文というのが気になるが、これも活字にはできないようだ。ハードルは高いが、ならぬものをならぬとして守るのも、この世界の美徳だろう。

一夜酒は、酒とはいうもののほとんど発酵していないため、米のジュースに近いといわれる。

先に、私は「日本の酒は何よりも『酔う』ことを優先して造られた」と記したが、こうなると古代の酒が高いアルコール度数を有していたか、疑問が出てくる。

古代日本では、酒を醸すことを「かむ」と称した。

この言葉は「口嚙み酒」の名残とされる。「口嚙み酒」とは、生、あるいは加熱したでんぷんを口で嚙み、唾液で糖化したあとに発酵させる醸造法だ。

また、日本を含む東アジアのモンスーン気候地帯では、黴《かび》のアミラーゼで糖化したあとに発酵させる酒も生まれた。

両者とも、高いアルコール度数は期待できない。

『古事記《こじき》』には、七回搾った酒を醸した「八塩折之酒《やしおおりのさけ》」を八俣遠呂智《やまたのおろち》に呑ませたとあるが、実際、その製法があったかどうかも定かではない。

なぜなら、日本酒の醸造技術に関する文章は『延喜式《えんぎしき》』（九二七）以降はなぜか、十六世紀半ばまで見当たらないからだ。なので、興福寺の僧侶らが新たな技術を発見するまで、日本の酒は案外とアルコール度数の弱いものだったのかもしれない。

但し、どんな時代のどんな酒でも、酒と神は切り離せない。

『万葉集』には、酒と神霊に関わる歌が載っている。

「五十串《いぐし》立て神酒《みわ》すえ奉《まつ》る神主部《はふりべ》の　雲聚《うず》の玉蔭《たまかげ》見ればともしも」（『万葉集』巻十三　三二二九）

これは、沢山の御幣を立てて神に酒を奉る神官の姿を詠んだものだ。

「焼刀《やきたち》の棱《かど》うち放ちますらをの　禱《ほ》く豊御酒《とよみき》に吾《われ》酔ひにけり」（『万葉集』巻六　九八九）

こちらは大きな刀を振って、酒を誉める儀式を歌ったもの。

酒は神事の中心にあった。

我々の祖先は稲の初穂《はつほ》で飯を炊き、その飯で酒を醸造した。そして、それらを農耕神や水の神に捧げてきたのだ。

米という農作物は水なくしては育たない。酒造りもまた、水が重要だ。

農耕神・水神にご飯と酒を供えることは、それらを与えてくれた存在に感謝して礼を述べる行為でもあった。

実際、春日大社では、神職が神饌をいただく「午《うま》の御酒《みき》式《しき》」において、酒を入れる土器《かわらけ》四枚を折敷《おしき》に載せて運んだのち、最初の一献は地神への捧げ物として大地に注ぎ、二献目から神職がいただくことになっている。

酒は最高の神饌であると同時に、神からの最高の賜《たまもの》のひとつでもあったのだ。

こうなると、当然、酒を入れる容器にも、ひとかたならぬ拘りが出てくる。

古代、各人が用いる食器は、樹木の葉など自然にあるものが使われていた。その中、酒器として確認されているのが、柏《かしわ》の葉、貝、瓢《ひさご》などだ。

一方、儀式や呪祭に用いられる盃は、素焼きの土器が用いられた。

いわゆる「かわらけ」と呼ばれる類で、こちらは一度使用したら、捨てることになっていた。

祭祀遺跡から出る土器は酒器のみならず、匙、臼《うす》や杵《きね》など多彩だが、その多くは人形遊びに使われるようなミニチュアサイズに作られている。

　神のものと人のものは、材質も大きさも異なっているのだ。

　人が使うものであっても、酒を貯蔵・運搬するための容器は、その用途に従って細かく分類されている。すなわち、瓶子《へいし》、錫《すず》（で造られた容器）、壺、太鼓樽、角樽《つのだる》、指樽《さしだる》、結樽《ゆいだる》、徳利《とっくり》など。

　中でも、醸造容器とされた甕《かめ》は、特別な位置にあったらしい。

祈《き》念祭《ねんさい》の祝詞には、大きな甕に初穂を高く盛り上げ、酒を満たして神前に据える、と記されている。

　神に捧げる容器である斎瓮《いわいべ》は、地面に穴を開けて底部を刺し、地面に据えて使われたという。

　そのため、容器の尻は尖っており、自立できない形となっている。これは縄文土器にも通じる形だ。

　一体、いつからこの形が存在し、いつから神事用になったのか。酒の歴史と共に考えると、またも空恐ろしくなるほどだ。

　ちなみに、この斎瓮は醸造容器そのままを神前に捧げ、中の酒を別の器に移すことはなかったらしい。

多分、すべての場面において、人の介入が許されない酒だったに違いない。

甕そのものにも霊力がある。

中でも、巨大な甕は特別だった。

『播磨国風《はりまのくにふ》土《ど》記《き》』には、丹波《たんば》と播磨の国境に大甕を埋めて境としたと記されている。境界を守護するモノは神仏であれ物質であれ、エネルギッシュで癖の強いものが選ばれる。ならば、甕にもそれなりの力が宿ると見なされていたに違いない。

実際、「甕」は「みか」とも読まれ、天津《あまつ》甕星《みかほし》という神の名前になっている。天津甕星は、最後まで天つ神に抵抗した星神の名、つまり神話では悪神とされる存在だ。

また、鎌倉初期に成立した『続古《ぞくこ》事《じ》談《だん》』には、こんな不気味な話が伝わる。

――造酒司にある大刀《おおと》自《じ》という甕は三十石も入るものだった。甕は土に深く掘り据えて、わずかに二尺ばかり地上に頭を出していたが、一条《いちじょう》天皇の御世に理由もなく抜け出て、穴のかたわらに伏していた。人々が驚き怪しむ間に、一条天皇は亡くなられた……。

甕や壺のような形をしたものは異世界を内包し、その中には異形が棲むという伝承は世界中に存在している。

壺中天《こちゅうてん》もそうだし、アラジンの魔法のランプも同じ系列の物語だ。その異世界・異形に通じる「空《くう》」を抱えるのが甕であり、中で育まれるのが酒だ。

つまり、甕・酒には最初から人の手には負えないモノ、世界が含まれているのだろう。

「甕」はまた、「みわ」とも読んだ。

「神酒」と書いても「みわ」と読まれた。

加えて、奈良の大神神社に見るごとく「神」と記しても「みわ」と読んだ。

古の日本人にとって、神酒を湛《たた》える甕は神と同等に重要であり、また、酒自体も神と等しかったのだ。

実際、大神神社の鎮座する奈良県桜井市三輪は酒造り発祥の地とされている。

大神神社のご神体は背後にそびえる三輪山そのものだ。そのため、ここは本殿を持たない。この三輪山は古来、「三《み》諸山《もろやま》」とも呼ばれているが、「みもろ」は実醪——「酒のもと」との意味だという。

「三輪」に掛かる枕詞が「味酒《うまざけ》」であるということからも、三輪山は酒の神として信仰されていたと見ていいだろう。

全国各地の酒造では、新酒の頃、玄関先に青々とした「杉玉」が下げられる。

これは大神神社から全国の酒蔵に届けられているもので、「酒林《さかばやし》」と呼ばれている。

杉玉の下に下がった札には、片面に「三輪明神」、もう片面に「しるしの杉玉」と書かれており、酒神の加護を得て、今年も無事に新酒ができたことを告げている。

杉玉を下げるようになった経緯はわかっていない。

大神神社のご神木である杉に因《ちな》んで、酒神の霊威が宿る杉の枝を酒屋の看板としたという説と、杉になんらかの防腐作用を期待したという説がある。が、杉に防腐作用はない。抗菌効果を期待するならヒバだろうけど、麹菌を殺しそうだ。

杉玉はやはり実用を離れた、縁起物の一種なのだろう。

ちなみに杉玉が徐々に枯れ、茶色になっていく様は、酒の熟成具合を表すものともされている。

職能神として、酒造関係者の信仰を得ている神社には、京都の松尾《まつのお》大社もある。しかし杜氏《とうじ》たちの信仰が篤いのは、やはり大神神社。特にその摂社である活日《いくひ》神社、別名「一夜酒之社」だ。

ご祭神である高橋活日命《たかはしいくひのみこと》は、崇神《すじん》天皇の御世、大神神社の神に祈念して一夜で良質の神酒を造った人物。そのため杜氏の祖先と見なされて、のちに神として祀られた。

高橋活日命は天皇に酒を奉る際、以下のような歌を詠んだ。

「この神酒は　我が神酒ならず　倭なす　大物主の　醸みし神酒　幾久　幾久」

――この神酒は私が造った神酒ではありません。倭の国をお造りになった大物主大《おおものぬしのおお》神《かみ》が醸された（口嚙みにて発酵させた）お酒です。幾世久しく栄えませ。

大神神社の主祭神である大物主大神が自ら酒を醸したならば、酒神として崇めることに不足はない。

だが、この神話以外では、大物主大神はむしろ、祟りをなす強力な神霊として記録されている。

崇神天皇の時代、天変地異や疫病の流行があった。天皇が悩んでいると、夢に大物主大神が現れ、「災厄は我が心ぞ」と告げて祭祀を要求した。その言葉通りに大田田《おおたた》根子《ねこ》を神官として三輪山で神を祀ったところ、災厄はみな収まった……。

神話では、これが大神神社の始まりであるとされている。

大物主大神の「モノ」は名付けすらできない力、「モノ」としか呼ぶことの適わない力の形を表している。気を抜けば、たちまち、この神は人に禍をなす。しかし手厚く祀ったならば、神は人の守護となる。

「みか」としての甕の性質と、似ている気がすると思うのは、私の考えすぎだろうか。

また、この強大な「モノ」の力を有する大物主大神は、蛇神であるとも考えられた。

伝説では三輪山を八巻き半する大蛇であるとされている。

今、大神神社境内の各所には、蛇の好物である卵が供えられている。ご神木である「巳《み》の神杉」には大物主大神の化身とされる白蛇が棲むとの言い伝えもあり、境内で蛇を見ると福徳が授かるとの話もある。

祟り。蛇。酒。そして甕。

それらが持つ、危うげに強い霊力をまとめるのが、三輪山の水の信仰だ。

地元の伝説によると、三輪山の祠《ほこら》に湧く清水を尼僧が発見したことにより、三輪明神が祀られて、のちに大神神社になったという。

蛇信仰は往々にして、水の信仰と繋がる。そして、甕は液体を湛える容器。何より、酒の命は水にある。

もしかすると、「みわ」は「水沫《みなわ》」や「水の輪」または「水湧く」に通じる言葉から出てきた語ではないのだろうか。

大神神社が酒の神になったその根源には、仕込み水となる湧水への崇敬があったのではなかろうか。

事実、大神神社の摂社・狭井《さい》神社の背後には神水の井戸「狭井」がある。ここの水は病の平癒に験があるとされ、「薬水《くすりみず》」と呼ばれている。

上◉大神神社境内にある活日神社。
下右◉杉玉は大神神社から全国の酒蔵に届けられる。
下左◉大神神社の膝元で350余年の歴史を刻む今西酒造。
その酒蔵に保管されている酒造用の米も、三輪山の水を使って作られている。

この水と尼僧が発見したという湧水の関係は不明だが、三輪山から湧き出す清水という意味においては同じだろう。

この狭井神社から、現在の三輪山登拝《とうはい》の道がつけられているというのも、意味あることに違いない。

三輪の酒は、当然ながら三輪山の水から造られている。実際、大神神社の膝元で三百五十余年の歴史を刻む今西酒造《いまにししゅぞう》では、仕込み水にここの水を用いている。

生憎、現在の酒造りは科学の領域にあり、マジナイが入る隙はない。だが、近代的製法で造られても、酒は酒そのものが神秘的でマジカルな存在だ。

米と水という命の糧が、酒の背後には控えている。

百薬の長とされる一方で、過ぎると身の毒になるのが酒だ。

酒は神からの賜りものであると同時に、神への捧げ物である。

神から人へ、人から神へ。

聖なるものであると同時に、激しい神霊を潜ませる酒。

それこそが「みわ」の力の源と言えるのではなかろうか。

第三章　お咒いと占い

マジナイ・ノロイは、願望成就のための手段だ。

恋愛ならば、相手に直接アプローチするのではなく、むしろ相手に気づかれぬよう、策を講じるのがマジナイ。

病の場合は医者や薬とは無関係な次元で行う、あるいは良い治療に巡り合えるよう運を引き寄せるのがマジナイだ。

ノロイも同じ。憎い相手と現実的に戦わず、法に触れない方法で始末しようとアクションを起こす。

それらはすべて願いが叶う前に行うものだ。が、それよりももう一歩前――己の願いが叶うかどうか、知るための方法が占いだ。

たとえば、日の当たるところに行きたいのに、運命が日陰に向かうというなら、それはマジナイの対象になる。運命が日向に向かっているなら、マジナイを行う必要はない。せずともいいことに労力を費やせば、運の勢いは衰える。

ゆえにマジナイが必要か否か。プロの呪術師なら、まず占う。

ただ、ひとくちに占いといっても、その種類は膨大だ。太占《ふとまに》・亀卜《きぼく》・易占《えきせん》・託宣・辻占《つじうら》・夕占・橋占・コックリ・夢占・天文・暦・人相・手相・ウケヒ・クカタチ・籤《くじ》・粥占・豆占・足占・水占・石占・鳴釜《なりかま》・式占《ちょくせん》・兵法《ひょうほう》・望気《ぼうき》・風水《ふうすい》……。

日本に古くから伝わる占いをざっと挙げただけで二十以上。明日の天気を占う下駄占いや、海外の占いも加えたら、容易に千は超えるだろう。

古今東西を問わず、人間は占いをし続けてきた。

子供の遊びのようなものだと考える向きもあるけれど、本来は運との真剣勝負だ。占いは人智《じんち》の及ばぬ天地の気配や、神の御心を知るための重要な技法だったのだ。ゆえに、ときとして、その結果は国をも動かしてきた。

神社本庁監修の『万葉集と神様』（扶桑社）によると、「ウラナヒ」という語は中世初期から用いられるようになった言葉で、万葉の時代にはもっぱら「ウラ」が使われたという。

この「ウラ」は「裏」と同根で、内面に存在する働きや目に見えない神意を表す。そして、神意に合うかどうかを判断する呪法を「ウラナヒ」と呼んだ。

『延喜式』にある「龍田風神祭祝詞」には、こう記されている。
「百《もも》の物知人等《ものしりびとども》の卜事《うらごと》に出でむ神の御心は、此の神と白せと負せ賜き」
『延喜式』は平安時代中期に編纂されたが、龍田祭自体は奈良時代から行われてきた。ゆえに、古い言葉遣いが祝詞に残っているわけだ。

　この祝詞でもうひとつ、注目したいのが「物知人」だ。

　ここで言う「ものしりびと」とは知識人のことではない。いわゆる霊能者を指している。

「もの」というのは神とも霊とも言い難い霊妙な存在で、古くは「鬼」という字を「もの」とも読んだ。そういう得体の知れないモノや、それらの力の方向を理解するには、神や霊のみの専門家より高い能力が必要とされた。そういう力を持つ能力者、それを物知人と言う。

　沖縄にはユタと呼ばれる土着の霊能者がいるが、現地では彼らのことを「ムヌシリ」と称することがある。そして、地元の人にとってのムヌシリは、神官や僧侶より頼れる存在と見なされている。

　占いが「ウラ」であり、国家をも動かした時代、占いはそういった専門家たちの仕事であった。

漢字の「占」には「しめる」という意味も存在する。

古代漢字学で著名な白川静《しらかわしずか》氏は、「しめる」の意は神占が絶対のものであり、無条件に従うべきものであることから生まれたとする。古代における占いの重みがわかる解釈だ。

我々一般人は神の言葉を直接聞くことは叶わない。その溝を埋めるため、占いは生み出されたのだ。

東洋でもっとも古い卜占《ぼくせん》は鹿の肩甲骨を灼き、その亀裂によって占う太占だ。

この占いは『古事記』の中、天照大神が岩屋戸に隠れたときの記述にもあり、また『万葉集』にも歌われている。

『古事記』における太占は神話的国家の大変に用いられているが、『万葉集』のそれは秘した恋人の名が占いに出てしまったというものだ。

「武蔵野に占部《うらへ》かた焼きまさでにも　告《の》らぬ君が名占に出にけり」（『万葉集』巻十四三三七四）

国レベルから個人の秘めた胸の内まで。

古から、さまざまな場面に太占は用いられてきた。

太占より少し遅く始まったものには亀卜がある。これは亀の甲羅を焼いて、そのひび割れの様子から吉凶を判断するものだ。

太占も亀卜も、亀裂を判断材料とする。その形から作られた象形文字が「卜」の字だ。この「卜」に亀裂を読み解く「口」をつけることで、「占」という文字が成立した。

つまり、漢字が成立する以前から、太占・亀卜は行われていたことになる。

このふたつの占いは、律令制下では神祇《じんぎ》官《かん》の卜部《うらべ》が管掌《かんしょう》した。筮竹《ぜいちく》を用いる易占も、早くから日本にて用いられた。

易占は式占と呼ばれる占いと共に、中務省《なかつかさしょう》に所属した陰陽寮にて陰陽師が管掌した。だが、陰陽師よりも官位の高い神祇官が司った太占・亀卜のほうが、占いとしての格は高かった。

筮竹等を人の手でさばいて得られる結果より、自然のものが偶然に作る形のほうに、人はより深遠な神意を感じたのだろう。

クカタチとウケヒも古い歴史を持っている。

これらは神判を仰ぐ方法で、共に神話にも記されている。

「盟神探湯」「探湯」などと記すクカタチは、釜に入れて煮沸した水や泥の中に小石を置いて、被疑者等に取り出させる占いだ。

火傷の有無によって有罪・無罪、主張の真否を判断し、熱湯の代わりに毒蛇を入れたり、熱した斧を手のひらに置く方法もあったとされる。
奇跡が起きるかトリックでも使わない限り、怪我をするのは当然なので、占いとしてはかなり過酷だ。熱湯に手を入れろと言われただけで、悲鳴を上げた人もいたに違いない。実際は神判というよりも、自白の強要か拷問に近いものだったのではなかろうか。

幸いこの恐ろしい占いは、現代では行われていない。逆に、ウケヒは今もまだ我々の中に生きている。

ウケヒとは、ある条件を設定し、その成否によって願いが叶うかどうか、吉か凶かを占うもの。どのような行動を起こすべきか、決めるときにも使われる。『古事記』では天照大神が建速須佐之男命《たけはやすさのおのみこと》の心根に疑問を抱いたとき、潔白を証明する手段として、ウケヒが用いられている。

また、邇邇芸命《ににぎのみこと》が木花之佐久夜毘売《このはなのさくやびめ》の懐妊に疑念を抱いたときも、木花之佐久夜毘売はウケヒをして、自分の子供が天つ神の御子であることを証明した。

前者の場合は二神が産んだ子の性別が、後者の場合は燃える産屋の中で生まれた子供が無事か否かが判断材料になっている。太占や易とは異なって、ウケヒはそのときの状況によって方法や基準が変化するのだ。

その応用力の高さゆえ、ウケヒは根源的な占いのひとつであると言われている。実際、同じ形式の占いは洋の東西を問わず存在している。

現代でも、道の途中で何かを決めかねたとき、次に出会う人の性別で決めたり、車のナンバープレートが奇数か偶数かで決めたりする人がいる。

当人が言葉を知らずとも、この行為はまさにウケヒとなる。道具もいらず、あらゆる状況で判断できるこの占いは、もっとも我々の身近にある。

身ひとつでできる占いはほかにもある。

辻占は四つ辻などに立ち、そこを行き交う人の言葉を占いの結果とするものだ。逢魔が時と呼ばれる夕方に行われるために、この占法は夕占とも呼ばれる。同様のことを橋にて行えば、橋占だ。

辻占もまた、太占やウケヒと同様の時代から存在している。

「言霊の八十の衢に夕占問ひ　占正《うらまさ》に告《の》る妹はあひ寄らむ」(『万葉集』巻十一　二五〇六)

——言霊に満ちた八十の衢で夕占をしたところ、はっきりと占いに出た。あの娘は私になびき寄るだろう、と。

占いの場となる辻・橋、そして逢魔が時とされる夕暮れは、いずれも異界、神界との接点であり、神霊や魔が行き来するところだ。

「かわたれどき」が「彼は誰時」であるように、今ほど明かりのなかった時代、人の影は朧に映り、そこに人ならぬモノが交ざってもわからないのが夕暮れだった。

辻占は、その夕まぐれ、生き身の人に紛れて過ぎる神から言葉を得ようという、神託に近い占いだ。ゆえに、魔物の言葉に惑わされぬよう、占う人は懐に柘植《つげ》の櫛を忍ばせるという。

柘植は強い陽気を帯びているため、魔除けになり、また「告げる」に通じる道具でもある。柘植の櫛は今でも容易に手に入るので、辻占は現代の我々にも気軽にできる占いだ。

「足占」というものも伝わっている。これは目標地点まで歩いていって、左右どちらの足で着くかという占いだ。

Aなら左足、Bなら右足と最初に答えを決めておくのだが、歩幅は加減できるので運任せとは言い難い。だが、意識的に結果を変えることで、運命までもが変わることがある。場合によって、人の力は天運にも勝るのだ。

その典型が夢占だ。

占いを信じない人はいても、夢を見ない人はいない。憶えていないことはあっても、夢は誰でもが見るという。

良い夢を見れば嬉しくなるし、悪い夢を見れば嫌な気持ちになるのが人だ。その見た夢の吉凶を判断するのが夢占だ。

夢占は「夢解き」「夢合わせ」とも呼ばれ、内容を吟味することで吉凶を計る。ゆえに、解く言葉が重要になる。

古代日本では口から発せられる「コト（言）」と、具体的な事物や行為である「コト（事）」は明確に区別されていなかったという。ゆえに口から発せられた「コトバ」には、現実を動かす霊力があると信じられた。いわゆる言霊信仰だ。

実際、夢の吉凶は言葉の力に依るところが多い。

平安時代の日本には、依頼を受けて夢を見る「夢見法師」というものがいた。夢見法師は見た夢を話して依頼者に買わせる。そして、その夢解きを専門にする巫覡《ふげき》や陰陽師に解釈させた。

夢は善く合わせれば吉、悪く合わせれば凶になる。

『宇《う》治《じ》拾遺《しゅうい》物語《ものがたり》』にある伴大納言善男の話は、第一章「言」にて記した。

伴大納言は妻の夢解きによって、運命を大きく変えられた。古来、夢は神や異界からのメッセージだと考えられたが、言葉の力はそのメッセージを容易にねじ曲げてしまうのだ。

また、夢は金銭や物品で売買、譲渡できるものでもある。

夢の売買に関しては、北条政子が妹の吉夢を買い取って権力の座に着いたというエピソードが有名だろう。

同じく『宇治拾遺物語』には、肝が冷えるような逸話がある。

ずばり「夢買人事」（巻十三　五）という話だ。

――昔、備中国の郡司の息子に「ひきのまき人」という者があった。

彼が若者であった頃、夢を見たので、夢解きを仕事とする女の許に行くと、あとから大勢の供を引き連れた国守の若君がやってきた。まき人が奥の部屋に隠れると、若君は女に夢解きを依頼した。

女は若君をひとりにして夢を聞き、「本当にすばらしい夢でございます。きっと大臣にまで御出世なさいます。くれぐれも人にお話しなさいますな」

そう告げたので、若君は喜び、着物を脱いで女に与えた。

若君が帰った後、まき人は部屋から出てきて、女に言った。

「夢は取ることができると聞いている。なので、今の夢を自分に取らせてほしい。国守はやがて都に帰るが、私は在地の者だからいつまでもここにいるし、郡司の子だ。私を大切に思ってはどうか」

　女はまき人の言葉に頷いて言った。

「それでは、今おいでになった若君のように家にお入りになり、寸分たがわず、語られた夢を私にお話しください」

　まき人は喜んで、若君と同じように家に入って夢語りをすると、女も同じ言葉で夢合わせをした。まき人は着物を脱いで、女に与えて立ち去った。

　その後、まき人は学識のある者になり、やがて唐へ行き、ついには大臣にまで出世した。

　このことからわかるとおり、夢を取るということは、いかにも恐ろしいことだ。夢を取られてしまった若君は官職もないまま終わったが、もし夢を取られていなかったら、大臣にまで昇っただろう。

だから、夢は人に聞かせてはならぬものだと、言い伝えているのである……。

　戒め以上に、夢を奪う方法が興味深い。

「ひきのまき人」は吉備真備だ。真備は奈良時代に二度の入唐《にっとう》を果たし、参議にまで昇り詰めた人物で、呪術や陰陽道に関する逸話も多い。

　この物語はそんな真備に仮託しての創作だと考えられる。が、夢に関する呪法の部分はリアルなものに違いない。

　悪夢は人に話せという。逆に、吉夢は他人に言ってはいけない。たとえ相手が夢解きのプロであっても、だ。

　運命を左右するほどの力が夢にはあるために、悪夢を祓うマジナイも数多く伝えられている。

　それが「夢違え」の呪文だ。三つ挙げよう。

「悪夢着草木吉夢成宝玉」

「あらちをの　かるやのさきにたつ鹿も　ちがへをすれば　ちがふとぞきく」

「見し夢を　獏の餌食となすからに　心も晴れし曙の空」

　これらの呪文は、目が覚めて、ひと言も口を利かないうちに唱えることが肝要だ。家族に挨拶をすることはもちろん、「ヤな夢見たなあ」などと現実の言葉を口にしてからでは遅い。

　夢と現にほかの言霊が入り込み、隔てが作られないうちに素早く呪文を唱えるのである。

夢を夢だと自覚できる明晰夢を見る技術があれば、寝直して吉夢にすることや、途中で筋書きを変えることも叶う。だが、本来、神託に近い夢はコントロールすべきではない。人の意識が入ると夢は濁る。必要なときに必要な啓示が得られなくなる。夢はやはり手をつけず、そのまま受け取って対処したい。

身近な占いの手引き書として『雑書』と呼ばれるものがある。

雑書は近代以前における各種の暦・占いに関する書物の総称だ。現代では、歳末、書店に並ぶ暦がその役を担っているが、雑書はもっと占いとマジナイに特化したものだった。

内容は、八卦・方位・干支《かんし》・納音《なつちん》・十二直《じゆうにちよく》・星宿・七曜《しちよう》などによる日の吉凶、さまざまな禁忌やマジナイ、男女の相性運など、平安時代以降の陰陽道や宿曜道《すくようどう》の系統を引く。近世後期は、そこに庶民の関心を引く生活情報を加え、百科全書の体裁を帯びた。

その中では、地震ですら占いの対象になっている。

地震が起きるかどうかではなく、起きた地震で占うのだ。

『天保新選《てんぽうしんせん》　永代大雑書萬暦大成《えいたいおおざつしよよろずこよみたいせい》』にある「地震の雑占」を見てみよう。

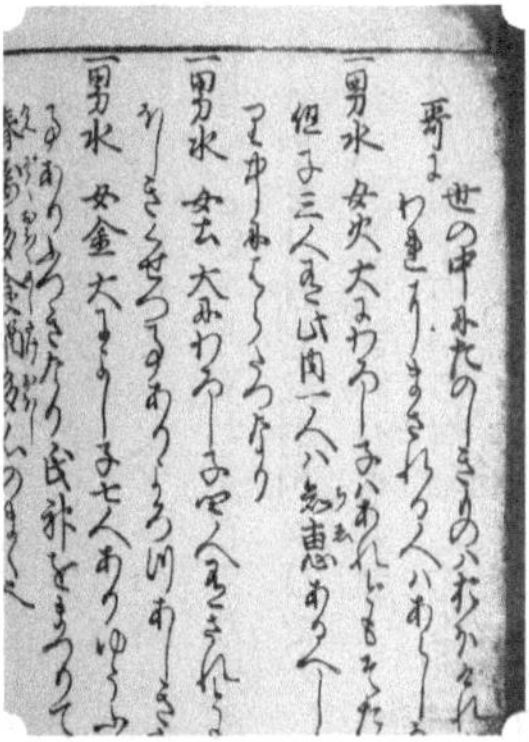

上右◉占いとマジナイに特化した雑書。
上左◉『寛永九年版　大ざつしょ』（橋本萬平、小池淳一編　岩田書院）。最古版である寛永九年の雑書を影印。
下◉『天保新選　永代大雑書萬暦大成（運勢叢書）』（神宮館編集部　神宮館）。

「○大抵春夏温暖の時節却て連日寒く或ひは冬寒冷の時節却て暖気なれば地震するしるし也○春の地震は草木栄ふ○夏の地震は五穀を破る○秋の地震は疫病流行す○冬の地震は来年豊年也○又子午の時は病　丑卯未酉の時は風　寅辰申戌の時は雨　巳亥の時は早すといへり又むかしより地震の歌とて
九はやまひ五七は雨四ツひでり
六ツ八ツさはぎいつも大風」

森羅万象を占いの対象とすることは、平安時代から行われてきた。

十一世紀に完成したという『梅花《ばいか》心易《しんえき》』は筮竹などの道具を使わず、周囲の様子や事象から物事を推し量る。

――梅を見ていたとき、二羽の雀が枝を争う姿を見て、翌夕、隣家の娘が梅の枝を折ろうとして木から落ち、怪我をすると知った。

これが『梅花心易』の名前の由来とされているが、素人には意味がわからない。だが「虫の知らせ」を理論づけ、体系化したものと思うなら、少しは納得できるだろう。つまり、花や鳥、小さな虫の動きも疎かにせず、注意深くいるならば、そこから自他の運命を読み取ることができるのだ。

もっとも、『梅花心易』は知識を持ったプロの技だ。

本来の占いは結果を知るだけではなく、その結果を利用、あるいは覆す術を用いるための基だった。ゆえに精度が求められる占いは、プロフェッショナルに委ねられた。

現代でも同様だろう。占い師の需要は減っていない。

術には実際の行動を伴うものと、そうではないもの――即ち呪術・マジナイがある。

戦国時代、武将たちの間ではあらゆる占いが大流行した。その理由は言うまでもなく、戦に勝つためだった。

兵法にも、いや、兵法にこそ占いはつきものだったのだ。

戦に用いる軍配もまた、占いと呪術の道具だ。

軍配は現在、相撲の行司が用いるのみだが、本来の軍配は軍配師・軍配者と呼ばれる呪術師が使う道具であった。

軍配師は天文を知り、気を読み取って陣を配置するという、重要な役を担っていた。

軍配に印された金銀の円は日月であり、陰陽を司るものだ。軍配師はその日の運勢により、軍配のどちらの面をどこに向けるかを決める。また、陣幕の何番目を開くか閉じるかということも、呪術的な作用を鑑みて、軍配師が指示したという。

日月などが印された軍扇も同様だ。『呪術と占星の戦国史』（小和田哲男《おわだてつお》　新潮選書）によると、昼は日のほうを向け、十二本の骨を六本広げて使う。夜は月のほうを向け、骨は同じく六本。勝ち戦のあとはすべて広げて使う、とある。

また、悪日の昼は月を表に、夜は日を表にして用い、吉凶を逆転させたらしい。

『闘戦経』『楠公《なんこう》兵術集《ひょうじゅつしゅう》』という兵法書には、陣形や持ち物すべての呪術的な意味が記されている。

驚くべきは、前二書は太平洋戦争時、士官学校のテキストとして採用されていたことだ。国は民間の巫覡を弾圧したが、自分たちはちゃっかりとマジナイに頼っていたわけだ。

軍配師が読み取る「気」は、雰囲気を窺うとか空気を読むなどという曖昧でいい加減なものではない。

これは「望気術」と言い、自陣や敵陣、戦場の上に現れる「気」の形・色・状態を肉眼で視、判断する術だ。

同じ術は鉱山師《やまし》も心得ており、彼らは山の気を視て、鉱脈の有無を判断した。『山相秘録』などの資料を見ると、さまざまな形と色の「気」が山に描かれ、それが見えたときの鉱脈の状態が解説されている。

この能力を持つ者を望気師という。軍配師はまず望気師であり、視た気を変化させることのできる呪術師としての力も持っていなければならなかった。

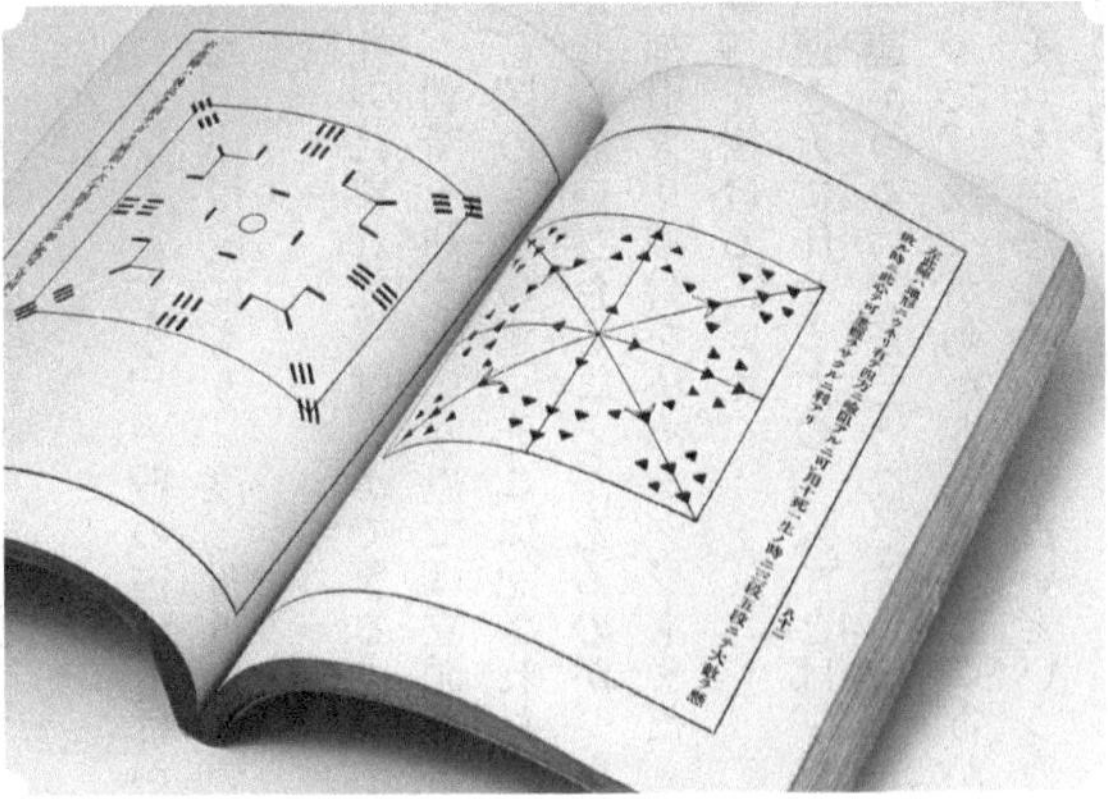

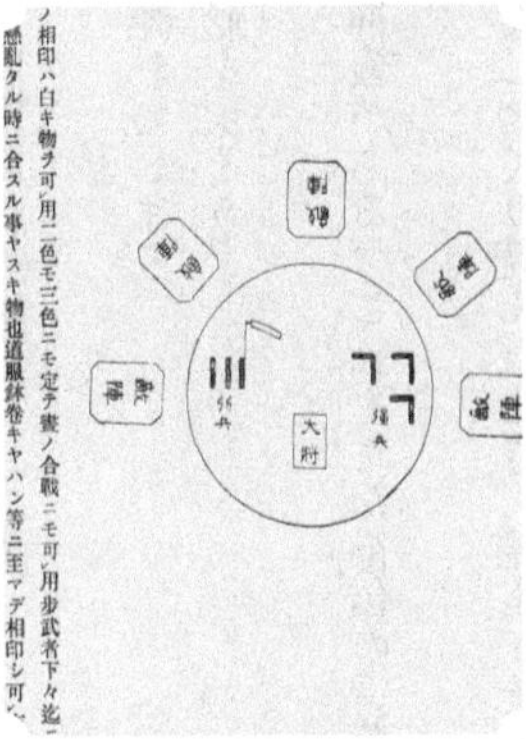

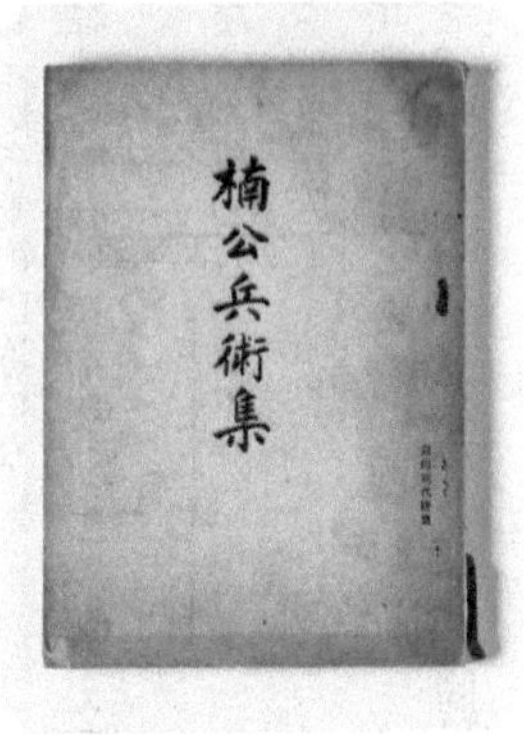

上◉陣形や持ち物の呪術的な意味が記されている兵法書。
下二点◉兵法書のひとつ『楠公兵術集』。
海軍水雷学校のテキストとして使われていた。

もっとも軍配師は両軍にいる。つまり、戦国時代の戦場は、一面、呪術合戦でもあったのだ。

こうなるともう、一般の占いとはかけ離れてしまう。

なので最後にもう一度、身近な占いに話を戻そう。

社寺に参れば、誰もができる占いにお神籤がある。これもまた神仏の言葉をいただき、判断を仰ぐという点では立派な占いだ。

吉凶のみならず、そこに記された文章をじっくり読んだとき、誰もがその言葉に何かしら思い当たることがあるのが、お神籤というものに違いない。

福引きや順番を決めるクジもまた、意識するしないにかかわらず、見えない存在に期待を掛ける占いだ。

「運を天に任せる」の「天」とは、見えない存在・力を指す。

「運がつく」「つきに見放された」などという言葉も、みな、人ならざるモノの力によって、我々が動かされていることからできた言葉だ。

それを実感できるのが占いという方法で、中でも、お神籤はもっとも簡易な神仏からの託宣だ。

このお神籤で凶を引いたとき、我々はそれを所定の場所に結んで返す。その行為こそ、立派なマジナイだ。軍配師が悪日を吉にするために、軍配を裏返すのと大差ない。占いからマジナイへ——その距離は実際、半歩もない。意識するしないにかかわらず、我々は夢で神託を受け、森羅万象に神意を見、場合によってはマジナイで天の定めを変えようとする。

ゆえに、すべての人間は占い師であり、呪術師になれる素養を持つ。稀代の陰陽師・安倍晴明と我々の距離も、実はさして遠くないのだ。

主要参考文献・資料

●古文書　古典

『万葉集』
『山立由来記』
『播磨国風土記』
『宇治拾遺物語』
『国文学の発生』折口信夫
『続古事談』
『古今和歌集　仮名序』
『傀儡子記』大江匡房
『闘戦経』
『古事記』
『梁塵秘抄』
『楠公兵術集』
『後拾遺和歌集』
『七十一番職人歌合』
『山相秘録』
『山立根本巻』
『延喜式』

●書籍

『お祓い日和』加門七海（メディアファクトリー）
『まよけの民俗誌』斎藤たま（論創社）
『図説　日本の結び』藤原覚一（築地書館）
『日本の折形集　展開図と折り方一六〇例』荒木真喜雄（淡交社）
『御幣　神と仏のすがた』片山公壽（青山社）
『影を踏まれた女』岡本綺堂（光文社文庫）
『雅楽のデザイン——王朝装束の美意識』多忠麿編（小学館）
『木霊論——家・船・橋の民俗』神野善治（白水社）
『修訂　中国の呪法』澤田瑞穂（平河出版社）

『狩りの語部――伊那の山峡より』松山義雄（法政大学出版局）
『秋田マタギ聞書』武藤鉄城（慶友社）
『マタギ―森と狩人の記録』田口洋美（慶友社）
『目で見る鳥羽・志摩の海女』海の博物館編（海女振興協議会発行）
『志摩の海女』岩田準一（鳥羽志摩文化研究会会長　中村幸昭発行）
『海女、海神に願う　志摩半島の海女祭――祈り、魔除け――』海の博物館編集・発行
『女性芸能の源流　傀儡子・曲舞・白拍子』脇田晴子（角川選書）
『物には心がある。消えゆく生活道具と作り手の思いに魅せられた人生』
田中忠三郎（アミューズ　エデュテインメント）
『京都　舞妓と芸妓の奥座敷』相原恭子（文春新書）
『酒（ものと人間の文化史）』吉田元（法政大学出版局）
『酒の日本文化―日本酒の原点を求めて』神崎宣武（角川選書）
『万葉集と神様』神社検定公式テキスト8　神社本庁監修（扶桑社）
『天保新選　永代大雑書萬暦大成（運勢叢書）』神宮館編集部（神宮館）
『寛永九年版　大ざつしよ』橋本萬平、小池淳一編（岩田書院）
『呪術と占星の戦国史』小和田哲男（新潮選書）

◉その他

『日本古来の麻　大麻の布ができるまで』麻糸産み後継者養成講座テキスト
高安淳一（大麻博物館出版）

協力

箭弓稲荷神社
大麻博物館
野州麻紙工房
海の博物館
阿波木偶箱まわし保存会
芝原生活文化研究所
今西酒造株式会社

飯田英夫
高安淳一
大森芳紀
鈴木英雄
加賀谷金一
辻本一英
中内正子
南　公代
桐木千寿
今西将之

おわりに

呪術師《じゅじゅつし》という存在は、世界・万物・宇宙に意味を見《み》出《いだ》す人のことだ。

意味を見出すためには、よく見、よく知る。構造を知り、性質を知り、そうしてその力・魂を知り、力をどの方向に向けるべきかを見極めるのだ。

プロの技を見ていると、天鵞絨《ビロード》の表面をそっと撫《な》で、微《かす》かな毛羽立ちから真実を読み取ってでもいるような感覚を受けることがある。

作業自体は単純だったり、雑に思えることもある。しかし、微細な空気やその変化を察知していく姿勢は同じだ。こちらには何もわからずとも、そういう作業は見ているだけで、伝わってくる何かがある。

無論、本書はプロの呪術師になるための本ではない。私自身も素人だ。だが、己の身体と行為によって為《な》される意味を確認することは、マジナイ的な視野を理解する手懸かりになるはずだ。

ゆえに、第一章では各論にはあまり踏み込まなかった。術に使う道具や作法の意味合いをまずは知ってほしかったからだ。

もちろん、闇雲にマジナイをやっても効果は出るかもしれない。が、知識があれば、もっと的確な結果が得られる。それ以上に、越えてはいけない一線の手前で踏みとどまれる。あるいは、リスクを承知した上で一線を越えることもできるだろう。

幽霊や妖怪《ようかい》を見るというのは、視力や嗅覚《きゅうかく》の良し悪しに似た身体能力の問題だ。けれども、マジナイはまず知識、それから才能とセンスが要る。プロの呪術師の中には霊の姿が見えない人などゴマンといる。彼らはただ「できる」だけ。できるようになるため、彼らは学ぶ。そう。結局のところ、マジナイはどれほど世界を知っているか——学問に近いところがあるのだ。

そのため、本書も案外と硬い話になってしまった。

とはいえ、語れなかったことも数多い。本書ではヒトを中心に話を進めたが、マジナイにはモノが介在する場合も多い。

モノを通して願いを成就させることもあれば、モノ自体をマジナイの対象とすることもある。

前者は神仏への祈禱《きとう》や、憑《つ》き物遣いなど。後者は憑き物落としや魔祓《まばら》い等。第二章で記したマタギや海女《あま》、木偶《でく》まわしなどのマジナイがそれだ。

モノへのマジナイは人間を対象とするより厄介だ。たとえ悪いモノだとしても、いきなりマッチョな攻撃に出るのはプロとしても三流だ。悪と思うのは、あくまでも人間側の視点に過ぎない。善と見なすのもまた然《しか》り。

彼らには彼らの世界・理屈がある。神仏も妖怪もそこは同じだ。ゆえに無闇に干渉してはいけないし、干渉するときは、なぜこういうモノがいるのかとか、どうして今の事態に至ったかなど、ヒトの理論を超えた部分で精査していくのが本来だ。そして、そののちに交渉する。悪しき憑き物でも、本来は離れて「いただく」ことが基本で、闇雲な排除や消滅はしない。可能ならば神仏等の仲介を立て、話を穏便に済ませるべきだ。

もちろん、仲介を頼む神仏にもネゴシエイトせねばならないし、相応の対価も必要となる。

対価をギブアンドテイクと言うと俗っぽく思う人もいるだろうが、お願いするときに手土産を持っていくことや、叶《かな》ったら相手の条件を呑《の》んだり、御礼を包むのは常識だ。そういうことを疎《おろそ》かに考える人は結局、神仏も妖怪もマジナイも絵空事にしか思っていない。絵空事なら、手を出さないほうがいい。

もう少し言うなら、誰からも頼まれていないのにモノにちょっかいを出すのもよくないことだ。

モノノケが通りかかっても、一々気にすることはない。ちょっかいを出せば、巻き込まれる。巻き込まれたあとでマジナイに頼っても、自業自得ではどうにもならない。行き交うモノは、我々の与《あずか》り知らぬところで役目を負っている場合もある。ゆえに邪魔をしてはならない。

とはいえ、その辺りにいる霊魂やモノを清める行為で、己の徳を積む人もいる。そういう人達は呪術師ではなくて宗教者だ。呪術師は職能人。履き違えている人が多いので、一応、注意を促しておきたい。

しかし、我々一般人は細かいその機微がわからない。交渉を過たずに効果を得るには、一体、どうするべきなのか。

答えは実に簡単だ。

伝統を守ることである。

除災招福のアイテムに「蘇《そ》民《みん》将来」というものがある。玄関に飾る注連《しめ》縄《なわ》だったり木彫りのお守りだったりと、その形は様々ながら、厄除《よ》け・疫病除けというご利益は共通している。その由来もまた共通だ。

——旅の途中、武塔神《むとうしん》が裕福な巨旦《こたん》将来に宿を乞《こ》うたところ、巨旦将来は断った。次にその兄である貧しい蘇民将来の許《もと》を訪れると、蘇民将来は粟飯《あわめし》を出して武塔神をもてなした。

後日、再び村を通った武塔神は、蘇民将来とその娘たちの腰に茅《ち》の輪をつけ、巨旦将来の一族を皆殺しにして滅ぼした。

そして、「吾《あ》は速須《はやす》佐雄《さのを》の神なり。後の世に疫気《えやみ》あらば、汝《いまし》、蘇民将来の子孫《うみのこ》と云《い》ひて、茅の輪を以《も》ちて腰に着けたる人は免れなむ」と言って立ち去った……。少なく見積もっても、この話は鎌倉時代中期まで遡《さかのぼ》る。今の「蘇民将来之子孫」という符や、茅の輪潜りなどの厄除け行事は、皆、古い伝説に依《よ》っている。

この伝説をただの物語と侮るなかれ。話の肝は、もてなされた神自らが人と交わした契約にある。別の視点で言うならば、もてなしによって交渉に成功した人が、神から授かったのが、この厄除け法・呪符なのだ。従って、この契約に従う限り、その効果も保証されるのだ。

民間に伝わるマジナイも同じだ。過去、その作法を効果的にした誰かの力を継承するから、その来歴を知らずとも、セーマンドーマンは効果を発揮する。

第三章で記した占いも同じだ。

誰かが四つ辻《つじ》には力があると「言挙げ」し、誰かがそこに神が往来すると見極めて、誰かがその神の言葉が占いに使えると判断し、辻占《つじうら》というものが成立した。

その誰かさんの力に寄りかかり、私たちは占いをする。マジナイをする。

過去、営々と守られてきた約束事に従えば、リスクは大幅に軽減する。それがわかっているからこそ、飛鳥《あすか》時代にまで遡る古典文学そのままの占い、マジナイ、ノロイの類《たぐ》いが現代にまで引き継がれ、今に生きる私が、それを記すのだ。

時間の蓄積によって醸されたマジナイの力はすさまじい。それゆえにとても面白い。

本書を手にしてくださった方々も、楽しみ、そして用心しながら、霊妙なこの世界を改めて見渡していただきたい。

最後になりましたが、拙稿を記すに当たって、快く取材に応じて下さった皆様に心より御礼を申し上げます。ありがとうございました。

二〇一七年七月吉日

加門　七海

文庫版あとがき

二〇二〇年五月。

この原稿を記している最中《さなか》、新型コロナウイルス感染症による緊急事態宣言が解除された。だが、状況によっては再度再々度の発令があろうし、今後、この疫病がどう落ち着くかはまだ見えない。

何にしろ、現時点では治療薬もワクチンもないのだ。メディアでは「ウイルスとの闘い」「戦場」などという文字が躍るが、今のところ一般市民は防戦一方。闘いを挑む手段はない。状況的には、江戸時代の疫病流行と大差ないと言っていい。

こういうとき、人は神仏やマジナイ、見えない力に頼り、縋《すが》る。

実際、日本では神道、仏教、修験道などの宗教者たちが早期収束の祈禱を行った。

バチカンではローマ教皇も特別な祈りを捧げた。

それらはインターネットを通じて、世界中に配信された。

好意的に見た人は、そこに頼もしさや有り難さ、そして「力」を感じたのではなかろうか。

巷《ちまた》では、アマビエという名の妖怪がブームとなった。

この妖怪の来歴は江戸時代の文書にたった一度だけ、姿と共に記されている。

アマビエは海より現れて「病が流行ることがあれば、私の姿を描いて人々に見せよ」（意訳）と告げたらしい。

その一文ゆえに、アマビエは大ブレイクし、アマビエを描くことが流行《はや》った。

アマチュアからプロまでが競って描き、イラストはもとより漫画にしたり立体にしたり。あっという間に商品化され、携帯ストラップから陶器、お菓子にもなった。

日本にはアマビエの他にも、似たようなことを告げて去る妖怪が何体かいる。けれど、選ばれたのはアマビエだ。やや醒めた意見を記すなら、その造形の奇妙さと微笑ましい稚拙さに求心力があったのだろう。

絵心をそそると言い換えてもいい。だから、みんなが競って描いた。描くことで病を除けるというよりも、素材の共有でもたらされる一体感が楽しかったようにも見える（実のところ、アマビエは自分の姿を描いて見せろと言うだけで、難を逃れるとは語っていない）。

感染を避けるため、人と集うことが叶わなくなった人々にとって、このブームはひとつのイベントとして享受されたのではなかろうか。特に「人に見せよ」とあるのだから、皆で楽しむにはもってこいだ。

ゆえに最初は娯楽だったと、私は思う。

ただ、そのアマビエが神社に祀られ、御朱印やお守りとして頒布されるようになると、少し話は違ってくる。

江戸時代にお染風と呼ばれるインフルエンザが流行ったとき、戸口に「久松るす」と書いた紙を貼り、感染を除けるマジナイが流行った。

歌舞伎等の題材となった「お染久松」に絡めて、お染の恋人・久松さんは留守だからここには来ないでね、という意味の張り紙だ。

これは社寺を通さない民間レベルのマジナイだ。鰯の頭や菖蒲湯、柚子湯などと同じく家庭内で気軽にできる。

アマビエも戸口に貼るくらいなら「久松るす」と同等だった。

しかし、アマビエはそれを飛び越えて、一気に神となってしまった。

SNSを介して全国に広がり、海外にまで紹介されて、神になる。……現代ならではと言うべきか。

先日、陰陽道の霊符を眺める機会があったが、手描きの古文書の一番最初に、疫病除の符が三種類も載っていた。本書「傀儡・木偶まわし」の項でも、門付けが子供の麻疹を引き取るエピソードがある。それだけ、感染する病は恐ろしかったのだ。

安政五年（一八五八）に、日本でコレラが流行ったときは狼を眷属《けんぞく》とする神社に期待が集まった。コレラは「狐狼狸《ころり》」などと称されて、外国からやってきた悪しき獣と見なされたため、最強の霊獣であるお犬様の力に縋ったのだ。

死に直結する感染病に、人々は神仏を総動員して防衛に努めた。

その命懸けの思いに、アマビエは応えることができるのだろうか。

アマビエが一過性の流行神となるか、疫病除けの守護として定着するか、現時点ではわからない。しかし、崇敬の対象にまで上り詰めるのは難しいように思われる。

今の私たちはアマビエを描くより、手洗いとうがい、マスク、アルコール消毒、人と人との物理的距離が疫病除けになることを知っているからだ。

しかし、考えてみてほしい。

手洗いとうがいは、社寺での手水《てみず》と同じだ。供物を奉るとき、奉職者は息が掛からないように工夫する。加えて、ご本尊やご神体とは距離を取り、御簾越しや扉越しに対する。

すべて、尊いものを清浄に保つための手段だ。

多分、古《いにしえ》の人はそれらの方法が「穢れ」を防ぐと知っていたのだ。そして、その手段に心を入れた。

除菌は禊や祓いに通じる。家に籠もるのは、物忌《ものいみ》の一種だ。

新たにできたコロナ禍という言葉の「禍」はわざわいであり、禍々しいものを指す。

それを除け、祓う行為はまさにマジナイそのものだ。

現実的な対策に少しばかりの心を入れれば、たちまち常ならぬ力を帯びて、悪鬼疫病を退ける。

手洗いも、うがいも、アマビエも。

本書の初めに私は記した。

心に術が備わったなら「ヤれるのではないか」と。

マジナイは願望達成の手段だ。

人の願いと欲を叶えるすべてが、手引き書には載っている。

現実と超現実。光と闇。

すべてを改めて調整し、真摯に気持ちを込めていく。

今の疫病にそれらの法が効くと言うのは控えるが、改めて呪術とは何かと問うことは無駄ではないに違いない。

二〇二〇年六月吉日

加門七海

解説

一《いち》柳《やなぎ》廣《ひろ》孝《たか》（横浜国立大学教授）

「お咒《まじな》い日和《びより》」。なんともインパクトのある、不穏なタイトルだ。「オマジナイ」でも「お呪い」でもなく「お咒い」。しかもこの後には「日和」とくる。「日和」といえば「小春日和」とか「行楽日和」とか、のどかな晴れ渡った良い天気を連想しないだろうか。それを、よりによって「お咒い日和」。いったい、どんな日なのだろう。豪雨で雷が落ちて突風が吹いても、まだ足りない気がする。

　私たちに染みついている「咒《じゅ》」＝「呪」のイメージは、不吉なもの、人間の負の要素を凝縮したようなもの、悪しきものだ。しかし加門さんによれば、オマジナイもマジナイもノロイも、超常的な力に依存して結果を得ようとする行為という点で、大差はないらしい。あるのはただ、術者の心持ちの違いだけなのだが、しかしその心持ちも、何が善で何が悪なのか、そう簡単には決められないと、加門さんは言う。

ならばお祓《はら》いも呪詛も、手のひらの表と裏に過ぎない。光と影は、いつだって表裏一体だ。しかも私たちは、眩《まぶ》しい光を浴びてばかりだと疲れてしまう。闇の怖さを知ってはいても、どうしようもなく闇に惹かれる自分もいる。そして私たちは、そのことをよく知っている。「小春日和」に心躍るのも「お呪い日和」にほくそ笑むのも、同じ自分だ。だからこそ、両方のバランスを上手に保ちながら、日々を過ごそうと心掛けている。加門さんが説くのは、このバランスが崩れた時に生じる世界の歪《ゆが》みの、修正の仕方である。オマジナイとは、こうした手立てのひとつなのだ。

　とはいえオマジナイは、単なる技法の問題にとどまらない。それらの技法を駆使する「心」の問題とセットになっている。だから、本書は具体的なオマジナイの技法を説明しようとはしない。本書にはたまに「煩雑になるから、理屈は割愛」みたいな箇所がある。これは、加門さんが怠慢だから、という訳ではない。具体的な技術や理屈をわかりやすく解説したところで、オマジナイの本質は見えてこないからだ。そして、オマジナイの本質を理解していなければ、具体的な技術をマスターしても意味がない。

　さて、「呪」が超常的な力に依存する行為である以上、超常的な力の源である「あちら」の存在を無視することはできない。しかし、こちらと「あちら」の関わりについて語ることは、きわめて難しい。

　私たちは、時に「あちら」的なるモノと出くわすことがある。その体験に、私たちは震え上がる。間違っても、癒されたりはしない。なぜかといえば、私たちがあまりにも「あちら」について無知だからだ。わからないものは、恐怖の対象にしかならない。だからこそ私たちは、長い年月をかけて「あちら」を知る手立てを探り、「あちら」を味方にする手立て、遠ざける手立てを編み出し、言葉そのものや遊びや職業的な慣習といった、さまざまな場のなかに、それらの知識を蓄えてきた。

しかし時は流れ、私たちは「あちら」を必要としなくなった。私たちはこちらの理《ことわり》だけで世界をコントロールできると判断した。この忘れられつつある「あちら」に関する情報が、本書では「呪」を通して束ねられている。しかも、加門さんという格好のナビゲーターの導きによって、私たちはひととき「あちら」に思いを馳せることができる。

「呪」の世界は、下手に首を突っ込むと命に関わるらしい。「あちら」とのアクセスは加減が難しいし、なによりこちらの理が通じない。こちらの善悪の基準が「あちら」に通じるとは限らない。「呪」というマージナルな場について、その意味するところを適切にこちらの言葉に翻案し、意味づけを試みる加門さんの手つきは、匠《たくみ》のワザそのものだ。

本書が単なるオマジナイの指南書ではないことは、すでに明白だろう。本書は、オマジナイを実行するためには、いかに「世界」に対する深い認識が必要なのか、その気づきを与えるための入門書なのだ。ならば、晴れ渡った良き日にこそ、本書を読んで「咒」について思いをめぐらしてみよう。そのとき私たちは、言葉と出来事が紡《つむ》ぐはるかな歴史の地平に隠された、奥深い「咒」の世界に心震えることだろう。

本書は、二〇一七年七月に小社より刊行された
単行本を加筆修正のうえ、文庫化したものです。

お呪《まじな》い日和《びより》

その解説《かいせつ》と実際《じっさい》

加《か》門《もん》七《なな》海《み》

令和2年 7月25日　初版発行
令和6年 11月30日　再版発行

発行者●山下直久

発行●株式会社KADOKAWA
〒102-8177　東京都千代田区富士見2-13-3
電話　0570-002-301(ナビダイヤル)

角川文庫 22244

印刷所●株式会社KADOKAWA
製本所●株式会社KADOKAWA

表紙画●和田三造

●お問い合わせ
https://www.kadokawa.co.jp/（「お問い合わせ」へお進みください）
※内容によっては、お答えできない場合があります。
※サポートは日本国内のみとさせていただきます。
※Japanese text only

ISBN 978-4-04-109202-6　C0195

角川文庫発刊に際して

角川源義

第二次世界大戦の敗北は、軍事力の敗北であった以上に、私たちの若い文化力の敗退であった。私たちの文化が戦争に対して如何に無力であり、単なるあだ花に過ぎなかったかを、私たちは身を以て体験し痛感した。西洋近代文化の摂取にとって、明治以後八十年の歳月は決して短かすぎたとは言えない。にもかかわらず、近代文化の伝統を確立し、自由な批判と柔軟な良識に富む文化層として自らを形成することに私たちは失敗して来た。そしてこれは、各層への文化の普及滲透を任務とする出版人の責任でもあった。

一九四五年以来、私たちは再び振出しに戻り、第一歩から踏み出すことを余儀なくされた。これは大きな不幸ではあるが、反面、これまでの混沌・未熟・歪曲の中にあった我が国の文化に秩序と確たる基礎を齎らすためには絶好の機会でもある。角川書店は、このような祖国の文化的危機にあたり、微力をも顧みず再建の礎石たるべき抱負と決意とをもって出発したが、ここに創立以来の念願を果すべく角川文庫を発刊する。これまで刊行されたあらゆる全集叢書文庫類の長所と短所とを検討し、古今東西の不朽の典籍を、良心的編集のもとに、廉価に、そして書架にふさわしい美本として、多くのひとびとに提供しようとする。しかし私たちは徒らに百科全書的な知識のジレッタントを作ることを目的とせず、あくまで祖国の文化に秩序と再建への道を示し、この文庫を角川書店の栄ある事業として、今後永久に継続発展せしめ、学芸と教養との殿堂として大成せんことを期したい。多くの読書子の愛情ある忠言と支持とによって、この希望と抱負とを完遂せしめられんことを願う。

一九四九年五月三日